중국 비즈니스 인사이트

미중 무역전쟁, 한국 기업의 돌파구는 무엇인가

# 중국 비즈니스 인사이트

김종성 지음

CHINA
BUSINESS
INSIGHT

토트

## 중국 비즈니스 25년, 살아남은 자의 증언

지난 30년 동안 중국은 우리에게 기회의 땅이었다. 중국 특수가 없었더라면 무역 1조 달러는 꿈꾸기 어려웠을 것이다. 나 또한 경제학자로서 중국 덕을 톡톡히 보았다. '중국식 자본주의'라는 새로운 연구 영역을 체험할 수 있었고, 수많은 중국 전문가들을 만나 연구의 지평을 넓힐 수 있었다. 특히 10여 년 전 '중국연구소'를 통해서 이루어진 김종성 대표와의 만남은 더 큰 행운이었다. 첫 만남부터가 예사롭지 않았다. 그는 흔히 만날 수 있는 기업가가 아니었다. 폭넓은 배경지식을 바탕으로 중국을 읽어내는 통찰이 탁월했다.

"왜 김 사장님 같은 분이 중국에 계십니까? 한국에 와서 한국 경제를 살려야죠!"

"독립운동하는 심정으로 해외에서 국가 경제를 돕고 있습니다."

그와 주고받았던 우문현답이 아직도 귓전을 맴돈다.

중국연구소에서 개설한 중국최고전문가과정 특강 때마다 자신은 중국 전문가가 아니라고 겸손해 하면서 "중국은 양파 같은 존재"라고 말했지만 내게는 오히려 그가 양파 같이 느껴졌다.

이런 인연으로 우리는 의기투합해서 부산 지역의 중국 전문가 그룹을 한데 묶어 '부산 차이나 비즈니스 포럼'을 운영하고 있다. 그는 이 포럼의 중국 현지 전문가 역할까지 겸하고 있는 셈이다.

우리에게 이런 행운을 안겨준 중국이 몇 해 전부터 대중의 마음에서 멀어지는 것 같아서 안타깝다. 양국 관계가 예전 같지 않다는 의미다. 김종성 대표에게 듣기로는, 한국과 독일이 맞붙은 2018 러시아 월드컵 조별 예선 3차전 때 한국을 응원했다는 중국인은 찾아보기 어렵다고 한다. 대부분의 중국인은 자기와 아무런 상관도 없는 독일을 응원했다는데, 그저 사촌이 땅을 사면 배가 아파서 그런 것이란다.

그런 관점에서 이 책의 의미는 크다. 저자는 '주변국을 힘들게 하고 '완장질' 하는 강대국은 글로벌 일등 국가가 될 수 없다'는 역사적 사실을 이 책을 통해서 다시 한 번 일깨워 준다. 또한 중국을 정확히 읽고 대응하는 방법을 제시함으로써 중국에서 비즈니스를 하고 있거나 중국 비즈니스에 관심이 있는 사람들에게 실질적인 도움이 될 것이다.

김종성 대표는 내가 만난 사람들 중에 가장 솔직하고 담백한 사람이 아닐까 싶다. 그는 25년 중국 생활 동안 현지인을 진심으로 대했고 그들과 더불어 살았다. 그의 삶은 열정으로 뭉쳐진 도전의 연속이었으며, 그는 배려와 나눔이 몸에 밴 진정한 기업가였다.

이 책 역시 세련된 포장이나 연출은 없다. 원대한 비전이나 거대 담론을 담은 것도 아니다. 그럼에도 책장을 넘길 때마다 큰 울림이 다가오는 것은 투박하게 대륙을 누빈 그의 삶의 궤적에서 꿈과 희망을 엿볼 수 있기 때문이다. 특히 실패 사례에 대한 그의 담담한 회고는 우리에게 큰 용기를 준다. 쓰라린 실패의 경험을 가감 없이 전달함으로써 미래의 기업가들을 보호하려는 그의 열정에 다시 한 번 감동 받게 된다.

열 길 물속은 알아도 한 길 사람의 속은 모른다는 속담은 마치 중국을 가리키는 말처럼 느껴진다. 나는 10년 이상 중국 관련 일을 해왔지만 여전히 중국이 어렵다. 하물며 현장에서 비즈니스를 하는 사람들이 겪는 고통은 말로 다 할 수 없을 것이다.

사드태풍이 잠시 멈춘 것 같지만 이제부터가 시작이다. 앞으로도 중국은 시장과 자본이라는 강력한 힘으로 주변국을 빨아들이려 할 것이다. 저자는 사드사태가 우리에게 준 경고음도 생동감 있게 정리해 놓았다. 미중 무역전쟁을 겪고 있는 대륙의 심장 소리를 들려주는 것도 이 책의 백미다. 현장에서 체험한 중국의 민낯과 속살을 가감 없이 드러냄으로써 "강한 자가 살아남는 것이 아니라 살아남은 사람이 강한 자"라는 그의 지론을 증명해 보인다.

책장을 넘기며 저자와 함께 호흡하는 동안 거대한 중국, 운명처럼 함께해야 할 중국의 감추어진 진실에 한발 더 다가갈 수 있을 것이다.

김영재

(부산대학교 경제학부 교수·부산대학교 전 경제통상대학장

부산 차이나 비즈니스 포럼 회장)

# 온몸으로 부딪치며 살아낸 중국 내 한국 기업의 이야기

1592년 일본의 침략으로 조선이 초토화되자 명나라는 막대한 병력과 물자를 지원했다. 중국에게 한반도는 늘 해양 세력을 막아주는 완충 지역이었기 때문이다. 중국에서는 일반적으로 임진왜란을 '항왜원조'라고 한다. '왜에 맞서고 조선을 돕는다'는 의미다.

현대에 와서도 한반도에 대한 중국의 인식은 달라지지 않았다. 6.25전쟁 때 마오쩌둥은 입술과 이가 서로 의지한다는 '순치상의(脣齒相依)'라는 고사성어를 거론하며, 135만 명이나 되는 군인을 북한에 파병했다. 그의 장남 마오안잉도 6.25전쟁에서 전사했을 정도로 마오쩌둥은 북한이라는 울타리를 지키기 위해 사력을 다했다. 그래서 6.25전쟁도 '항미원조'라 부른다. 미국에 대항한 전쟁이었고 조선(북한)을 도왔다는 의미다.

중국은 왜 동북아시아 최대의 전쟁을 '조선에 대한 원조'라고 표기하는 것일까?

첫째, 한반도에 대한 기득권을 유지하기 위해서다. 중국은 늘 자신은 종주국이었고, 인근 나라는 종주국을 받드는 일종의 제후국이라는 사고를 가지고 있다. 우리가 알고 있는 사대와 조공 등이 이러한 질서를 유지하는 주요한 수단이었다.

둘째, 미국이나 일본 등의 해양 세력이 대륙으로 영향력을 확대하는 것을 사전에 차단하기 위함이다. 주변 제후국을 해양 세력에게 내준다는 것은 자신들이 종주국으로서의 지위와 권위를 잃어버리는 것을 뜻한다. 그래서 한반도는 해양 세력에게 절대 양보할 수 없는 영역이었다.

한동안 우리는 중국의 이런 속내를 잊고 살았다. 중국의 존재를 인정하고 싶지 않았다고 하는 편이 더 정확하겠다. 중국을 그저 '황금 알을 낳는 거위' 정도로만 생각하고 있을 때, '사드(THAAD, 고고도 미사일 방어 체계)사태'라는 후폭풍이 우리에게 몰아쳤다. 사드사태는 단순히 미사일 방어 체계만의 문제가 아니었다. 한국 기업 정도의 기술력은 이제 극복할 수 있다는 신호탄이기도 했다.

'대륙을 넘보지 마라'고 미국에 직접 대항하고 싶었던 중국이 애꿎은 한국 기업에 융단폭격을 가했다. 그로 인해 수많은 기업이 철수 행렬에 가담해야 했다. 한편으로는 좁혀진 기술 격차와 원가 상승 압박을 견디지 못한 많은 기업이 중국을 떠났다. 그 추격의 대상이 우리의 주력 업종에까지 좁혀오자 충격은 너무 컸다. 사드는 울고 싶은 우리 기업의 뺨을 때린 셈이다. 그런 의미에서 한국 기업의 철수 원인을 사드 탓으로 돌리는 것은 반은 맞고 반은 틀린 것이다.

초기의 노동집약적 산업부터 일반적인 제조업 분야까지 중국은 늘 우리를 추격해 왔다. 그때마다 그 간격은 또 다른 분야나 업종으로 메웠고 산업이 진화하는 것은 너무나 당연한 발전 단계였다. 그럼에도 불구하고 중국은 위기의식을 느끼게 하는 한국 기업을 사드를 핑계로 성급하게 쫓아내려고 했다. 어린 학생들까지 동원하여 한국 제품 불매운동 궐기대회를 여는 장면을 연출함으로써 향후 한국인들의 마음을 중국 쪽으로 돌아서게 할 여지마저 봉쇄해 버렸다.

사드사태는 우리에게도 많은 교훈을 주었다. 지난 30여 년 동안 우월적 지위에 군림했던 사람들에게는 경고를 하고 지나친 중국 의존 또는 밀착형 경제 구조보다는 건전한 긴장 관계를 바탕으로 한 생존 전략의 필요성도 일깨워 주었다.

다른 한편으로는 덩치 큰 중국이 이웃 나라를 배려하고 더불어 살아가는 포용력까지 갖추지 못한 것이 오히려 다행이라는 생각도 들었다. 그런 조건까지 갖췄다면 G2로 성장한 중국이 이웃 국가의 마음마저 빨아들이는 블랙홀이 되지 않았을까 하는 우려 때문이다. 비록 비싼 수업료를 지불했지만 사드사태를 계기로 중화사상으로 무장한 중국인들의 속내를 읽은 것은 그나마 다행스러운 일이다.

중국은 하루가 다르게 변화하고 있다. 그 속도가 너무 빠르고 범위가 너무 넓어 놀랄 지경이다. 도로에는 태양광 가로등이 설치되고 산 정상에는 풍력발전기가 돌아간다. 거미줄처럼 연결된 고속철도는 중국의 미래를 보는 것 같다. 도로에는 녹색 번호판을 부착한 친환경 전기 차량이 질주한다. CCTV로 중앙선을 침범한 운전자를 찾아내고 안전벨트 미착용자까지 색출해서 범칙금 통지서를 집으로 보낸다. 안면 인식 기술로 호텔 방문을 열고 횡단보도 무단 횡단자의 신상명세가 전광판에 나타난다. 길거리 걸인들도 QR코드 시스템으로 구걸한다는 중국, 현금 없는 사회를 우려한 중앙은행이 현금 사용을 권장할 정도다.

이런 변화상을 지켜보면서 "언젠가는 추월당하겠구나" 했던 자조 섞인 푸념이 현실이 되었다. 남들은 규제 조항을 없애야 한다고 갑론을박할 때 아예 규제 조항 자체를 만들지 않는 방법, 그것이 중국식이었다. 공유경제의 천국이 된 중국을 보고서 그것이 혁신의 아이콘이라는 사실을 뒤늦게 알았다. 모든 분야에서 겁 없이 무한 질주를 거듭하는 중국이 무섭다.

한편으로는 민주적 절차나 합리적 정당성을 찾기 힘든 곳이 중국이다. 상부에서 결정된 문서 한 장이면 모든 것이 정리된다. 개별 기업의 재산권 보호 따위는 안중에도 없다. 사소한 것까지 국가주의가 작동한 결과다. 그러면서도 신자유주의 물결이 중국 경제 전반에 스며들어 우리보다 더 자본주의 같은 느낌을 줄 때가 많다. 알다가도 모를, 그래서 예측 불허인 나라, 중국이 더 두려운 이유다.

이 책은 25년 동안 중국에서 치열하게 살아온 내 삶의 흔적을 정리한 것이다. 남에게 알리기 부끄러운 실패 사례도 가감 없이 공개했다. 과욕에 사로잡혀 나무만 보고 숲을 보지 못한 경우도 있었다.

주로 내가 활동하는 상하이를 비롯한 화둥 지역을 배경으로 하고 있지만, 기울어진 운동장에서 고군분투하는 한국 기업의 몸부림과 불공정한 심판 덕분에 고속 성장을 거듭하는 중국 기업의 현주소 또한 내가 보고 들은 그대로 담으려 애썼다. 야반도주를 택하는 외자 기업의 속사정이나 주재원들의 고충처럼 직접 겪어보지 않고서는 알 수 없는 내용도 많다.

우리가 알고 있는 중국과 변화하는 중국의 내면, 그들의 속살을 들여다보는 데도 많은 지면을 할애했다. 이런 사정을 무시하고서는 중국 시장 접근이 힘들다고 판단했기 때문이다. 그럼에도 불구하고 우리가 중국 시장을 포기할 수 없는 이유, 다시 중국으로 가는 노하우와 기대도 함께 담았다. '이웃은 바꿀 수 있어도 이웃 나라는 바꿀 수 없다'는 우리의 숙명도 곁들였다.

부디 이 책이 마음에 상처를 안고 중국을 떠난 많은 기업인들과 교민들에게 위안이 되기를 바란다. 지금도 중국에서 고군분투하고 있는 교민들은 물론 다시 중국에 도전하려는 기업인들, 주재원들에는 영감을 얻을 수 있는 기회가 되었으면 하는 바람이다. 나아가 청년들에게 세계 속으로 뻗어 나갈 꿈과 비전을 일깨우는 계기가 된다면 더 바랄 것이 없겠다.

끝으로 감수에 시간 내주신 화둥 지역 전문가이신 신천영 법인장님, 이명주 총경리님, 기초 자료 정리에 협조해 주신 김현석 사장님께도 감사 인사를 전하고 싶다.

상하이에서 김종성

13

CONTENTS

## PART 1   기울어진 운동장

# PART 2  살아남은 자가 강한 자

---

# PART 3  생각보다 차이 나는 차이나

# PART 4 다시 중국으로 가는 길

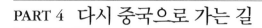

# CHINA BUSINESS INSIGHT

PART 1

기울어진 운동장

# 사드 반대는
# 공한증 극복의 신호탄

# 중국은 어떻게 한국 기업의
# 손발을 묶었는가

사드 문제에 대응하는 중국 당국의 여론전은 교묘했다. 공식 입장은 '아는 바 없다'로 일관했지만 TV에서는 사실상 뉴스 시간마다 생중계를 이어갔다. 롯데가 사드 배치 부지로 제공하기로 한 성주골프장 입구에 특파원을 파견해서 한국 내에서의 사드 배치 반대 시위 모습을 실시간 으로 내보냈다.

지역 방송을 연결해서는 한국 브랜드 승용차 차주가 자신의 차량을 불태우는 모습도 여과 없이 내보냈다. 평소 같으면 방화범으로 처벌하 겠지만 방송에서는 영웅 심리를 부추겨서 사드 배치 반대 시위를 극대 화하는 데 이용했다. 일부 신문에서는 사드 배치 부지를 제공한 롯데에 대해 "세계는 넓다, 다른 지역에 가서 상점을 많이 열고 그들과 좋은 날 을 보내는 데 우리는 전혀 질투하지 않는다"고 노골적으로 철수를 종용 했다. "한국에 우수한 선진 기술이나, 중국에 긴요한 자원이 있는 것도 아니다"고 한국을 깎아내리기도 했다. 한류 붐에 대해서도 "사드와 엮이면서부터 많은 중국인이 한류의 맛이 변했다거나 보잘것없다고 이야기 한다"고 주장했다.

그뿐만이 아니다. 세계 최대 전기차 시장인 중국에서 '한국산 배터리 고사 작전'이 벌어졌다. 사드 문제로 여론전을 펼치기 시작한 2016년 12월부터 중국 공업신식화부는 한국산 배터리를 장착한 전기차에 보조금 지급을 중단했다. 중국에서는 전기차 보조금이 차량 가격의 최대 절반에 해당하기 때문에 보조금을 받지 못하면 소비자가격이 너무 비싸 사실상 전기차를 팔 수 없는 구조다. 그러면서도 당국의 공식 입장은 '아는 바 없다'거나 '국내 사정에 간섭 말라'는 무성의한 답변뿐이었다.

2017년에 접어들자 개별 기업 차원에서 대응하기 어려운 일이 일어났다. 사드 문제가 본격화되자 직원들의 비자 발급에 제동이 걸리기 시작한 것이다. 우리 회사의 L부장은 개발실에서 평생을 함께해온 제품설계 기술자였다. 그 전년도에 정년을 넘겼지만 1년 유효기간의 복수 비자를 받아 계속 근무하고 있었다. 그런데 2017년 초에 비자 갱신 기간이 다가오자 관계 당국에서 60세를 넘긴 사람은 복수 비자 발급이 불가능하다고 통보를 해왔다. 하는 수 없이 수소문 끝에 S부장을 입사시켰다. 신입 S부장 또한 중국 근무 경력만 다소 부족했을 뿐이지 능력 면에서는 이미 검증된 베테랑이었다. 당국에서 요구하는 수십 종의 서류를 발급받고 번역, 공증까지 받은 서류와 함께 복수 비자를 신청했지만 접수 자체를 거절당했다.

사실 중국 정부는 2011년 말에 외국인 취업 비자 발급에 관한 규정을 강화했다. 그동안 지역에 따라서 다소 조정해 왔던 시행시기를 사드 문제가 발생하자 전면적으로 시행한 것이다. 강화된 '재중국외국인취업 관리규정'에는 '외국인이 중국에서 취업을 하기 위해서는 학사 이상 학위와 2년 이상 경력이 필요하다'고 규정하고 있다. 신입 S부장은 경력은 문제가 될 것이 없었지만 학사 학위 이상 소지자에게만 취업 비자를 발급한다는 규정에 발목이 잡힌 것이다.

업종을 막론하고 제조업에서는 생산관리직에 경험이 풍부한 고졸자가 필요한 곳이 많다. 학력보다는 경험이 더 필요한 부서에서는 더욱 그렇다. 더군다나 신입 S부장은 50대 초반으로 전문대 제품 디자인 관련 학과를 졸업하고 다년간 실무 경력을 쌓은 우리 업계에서는 이미 널리 알려진 전문가였다. 우리가 필요해서 초빙한 인재를 관계 당국에서는 원칙을 내세워 비자 발급을 위한 서류 접수 자체를 거부한 것이다.

문제를 해결하지 못했다고 내게 추궁당할 것을 염려해서인지 우리 회사 중국인 담당 과장은 지레 목소리를 높여 자초지종을 설명했다. 평소에 알고 지내던 당국 책임자에게 직접 전화를 걸었다. 그러나 신호음만 울릴 뿐 응답이 없었다. 난처한 상황에 관여하지 않겠다는 뜻으로 받아들일 수밖에 없었다. 복수 비자 발급을 거절당한 S부장은 하는 수 없이 3개월 단위로 비자를 받기 위해서 한국으로 출장 아닌 출장을 다녀야만 했다. 몇 년 전부터 강화된 이 조항으로 인해서 경험이 풍부한 고졸자도, 이제 갓 대학을 졸업한 학생도 중국 현지로 취업할 수 있는 길이 막힌 셈이다. 졸업생 취업에 심혈을 기울였던 각 대학 중문과 교수들의 한숨 소리가 높아지기 시작했던 시기다.

사드 문제가 점점 심각해지자 예상치도 못했던 문제가 연이어 발생했다. 우리 회사는 수십 년 전부터 부산에 있는 협력 업체와 거래 관계를 유지해왔다. 현지화가 가능한 값싼 중국 자재도 사용했지만 중국 진출 초기에 함께 힘든 시기를 보낸 거래처와는 꾸준히 관계를 유지하고 있었다. 그중에는 제품 생산 후 또는 완제품 출고 후에 문제가 발생될 수 있는 화학약품이 특히 많다. 이런 품목은 자재 입고 초기 또는 생산 과정에서는 문제가 발견되지 않기 때문에 서로의 신뢰가 무엇보다 중요한지라 납품 업체를 바꾸기도 어렵다.

부산에 있는 본사 직원들은 이런 자재를 구입해서 중국 공장으로 수출하는 일이 주 임무다. 중국의 통관 관련 규정에는 화학약품 종류별로 규정된 코드 번호가 있다. 지금까지는 성분 분석표를 근거로 코드 번호를 찾아서 수출 관련 서류를 작성해 왔다. 그러나 사드 문제가 본격화되자 상하이 항구에 입항된 컨테이너가 일주일이나 통관이 지연되더니 코드 번호가 틀렸다는 이유로 통관 절차를 진행하지 않았다. 20년이 넘도록 사용해 오던 코드 번호가 성분 분석표와 맞지 않는다는 이유였다.

기존 서류에 기재된 코드 번호를 수정한 서류를 본사로부터 다시 발급받아서 제출하겠다고 제안했지만 코드 번호에 맞게 성분 분석표를 수정하라는 억지 논리를 폈다. 이미 만들어진 화학약품의 성분 분석표를 어떻게 수정하란 말인가? 중국에서의 오랜 경험으로 볼 때, 그들의 요구대로 서류를 수정했다가는 '서류 위조'라는 또 다른 덫에 걸릴 가능성이 컸다. 범법 행위를 하는 것보다는 차라리 정공법을 택하기로 결정했다. 하는 수 없이 3주 동안(문제 발생 전에 부산에서 이미 출항한 컨테이너 포함) 매주 도착한 컨테이너 한 개당 6만 5천 위안(약 1,000만 원)씩 벌금을 내고 상하이 항에 도착한 지 2주일 만에 통관할 수 있었다.

지난해까지는 항구에 도착 후 수일이면 충분했던 통관 작업이 1~2주는 예사였다. 조사 방법도 그동안 선별 조사에서 각종 세균검사 등을 평계로 전수조사를 하기도 했고 자재 포장 규격까지 문제 삼는 경우가 발생하기도 했다. 이러다보니 생산 지연과 납기 지연에 따른 혼란은 물론 수입 통관을 위해서 상하이 항구에 발이 묶인 수많은 컨테이너를 쓸 수 없어 수출용 컨테이너를 확보하지 못해 애를 태우기도 했다. 이런 야단법석을 피우는 사이 동종 중국 업체는 콧노래를 부르고 있었을 것을 생각하면 지금도 분통이 터진다.

중국 정부나 공산당은 지방정부와 개별 기업에 '어떻게 하라'고 지침을 내리지 않는다. 당국은 드러나지 않게 언론 매체를 통해서 여론전을 전개하고 하부 단위나 조직들은 상부 기관의 의중을 읽고 알아서 행동 지침을 정하고 따를 뿐이다. 기업에 대한 정부 및 국가의 영향력이 큰 중국에서 이런 기업들은 당국이 보기에는 '애국기업'으로 자리매김할 수 있다.

사드 문제가 어느 정도 진정된 요즘은 어떨까? 중국 시장에서 외국 기업에 대한 역차별 논란은 현재진행형이다. 오히려 사드사태를 통해서 터득한 학습 효과로 인해 자국기업보호정책은 날이 갈수록 점점 더 진화해 가고 있는 느낌이다.

# 20년 지기 친구를
# 떠나보내는 중국

2017년 4월, 한국이 대선 국면에 접어들자 사드에 대한 언론의 압박은 강도를 더해갔다. 대선 후보들에게 중국의 힘을 과시하려는 것처럼 보이기도 했다.

한국인 간부 회의에서는 외주 공장 출장 자제령을 내렸다. 심지어 회사 내 중국인 직원들에게도 말조심할 것을 당부했다. 안전이 최우선이라는 생각이 들었기 때문이다. 점심시간에 양지에 모여 있는 직원들을 볼 때마다 반한시위라도 할 것 같은 생각에 깜짝깜짝 놀라곤 했다. 틈날 때마다 평소에 알고 지내던 각 지역 한국 공장의 지인들에게 전화를 걸어서 안부를 묻거나 정보를 나누는 일이 일상이 되었다. 중국 공안 당국에서 가끔 회사를 방문해서 한국인 직원들의 안전을 걱정해주던 일은 그나마 다행이었다.

그러던 어느 날, 지방정부로부터 한 통의 전화가 걸려왔다. 오늘 오후에 지방정부 간부들이 회사를 방문하고 싶은데 괜찮겠냐는 것이었다.

사드 문제로 인해 고초를 겪고 있을 한국 기업 관계자들을 위로하는 데 방문 목적이 있다고 친절한 설명까지 덧붙였다. 평소에 알고 지내던 사람이라 '이런 분위기 속에 왜 하필이면 우리 회사냐'고 따질 수도 없었다.

약속된 시간이 되자 승용차는 물론 승합차까지 동원해서 10여 명의 고위 공무원들이 회사에 도착했다. 회의실에 앉자마자 담배를 내던지면서 권하는데, 여느 때나 다름없는 모습인데도 어쩐지 거슬렸다. 인사말도 어쩐지 고성으로 들렸다. 하지만 나는 짐짓 미소를 띠며 이런 시기에 우리 회사를 방문해 준 데 대한 감사 인사를 꺼냈다. 모두가 의례적인 인사말이었다.

문제는 그때부터였다. 서로의 인사가 끝나자마자 한 간부가 "한국은 주권국가가 맞느냐?"라는 질문을 내뱉었다. 위로하기 위해서 회사를 방문한 것이 아니라 오히려 사드 문제로 험악해진 당시 상황을 전달하러 온 것 같은 분위기였다. 갑자기 싸늘한 냉기가 돌았다. 동석했던 우리 회사의 K부장과 중국인 총무 과장도 인상이 굳어지기 시작했다. 모두 내 얼굴만 쳐다보고 있었다. 자존심이 상할 대로 상한 나는 질문의 의도가 무언지 물었다.

"한국은 군대 지휘권도 없는 국가가 아닙니까?"

거침없이 답변이 되돌아왔다. 대부분의 중국인들처럼 그 역시 전시작전권을 잘못 이해하고 있는 듯했다.

"왜 한국인들은 시위 때마다 성조기를 들고 있는 거죠?"

그는 작심한 듯 비판을 쏟아냈다. 또 다른 간부는 "최순실이 대통령의 자매냐?"며 비아냥거리기까지 했다. 거기까지는 적당히 대응하면서 참으려고 노력했다. 맞대응을 한다고 해서 그들의 인식이 변할 것도 아니고, 당시의 국내 현실이 그들의 인식과 크게 다르지도 않았기 때문이다. 무엇보다도 잘못 대꾸했다가는 회사에 누를 끼치는 일이 발생하지 않을까 하는 걱정이 뒤따랐다.

그런데 옆에 있던 젊은 간부가 '동북공정(東北工程)'*에 담긴 논리를 펴는 것이 아닌가?

"옛날에는 한국이 중국에 조공을 바치는 속국이었죠."

평소 사석에서 종종 듣던 얘기지만 더 이상은 참을 수 없었다. 옆자리에 있던 K부장은 탁자 아래로 내 발을 건드렸다. 참으라는 신호였다. 잘못 대응하다가는 험한 꼴이 벌어질 것 같은 예감도 들었다. 중국이란 곳이 원래 정치적인 의사 표현이 자유롭지 않은 곳이기 때문에 아무리 친한 중국인 친구라 할지라도 일정한 수위를 넘지는 않는다. 그러나 그날은 더 이상 참을 수가 없어 결국 입을 열고 말았다.

"사드 때문에 우리 직원들 사이에서도 한중 간 간극이 생겨서 참 서글프네. 덩치만 크다고 강대국이 아니지. 사드 철수시키려다가 이웃집 친구의 마음까지 철수하게 만들어서는 안 되지. 이렇게 국가의 힘으로 밀어붙이는 행동은 조폭하고 다를 게 없지 않나?"

순식간에 찬물을 끼얹은 것처럼 조용해졌다. 시작한 김에 끝을 봐야

---

* 지금의 중국 국경 안에서 전개된 모든 역사를 중국의 역사로 편입하려는 연구 프로젝트다. 궁극적 목적은 중국의 전략 지역인 동북 지역, 특히 고구려, 발해 등 한반도와 관련된 역사를 중국의 역사로 만들어 한반도가 통일되었을 때 일어날 가능성이 있는 영토 분쟁을 미연에 방지하는 데 있다. 고조선, 고구려, 발해 등은 고대 중국의 동북 지방에 속한 지방정권인데, 북한과 한국의 학자들이 이러한 사실을 왜곡하고 혼란을 부추기고 있다는 전제 아래 연구를 진행하고 있다.

했다.

"그래, 우리는 대통령도 갈아 치우고 감옥에도 보내는 민주적인 나라야. 힘과 권력이 국민에게 있지. 이런 나라가 이 세상에 몇 개쯤 될 거 같나?"

그들의 얼굴색이 달아오르는 것을 보니 후련하기도 하고 뒤탈은 없을까 걱정도 되었다. 그러면서도 위로 차 방문한 손님들에게 너무 싸늘하게 대했나 싶기도 했다.

그들이 돌아가고 난 뒤 K부장이 근심스런 얼굴로 말을 꺼냈다.

"사장님, 괜찮겠지요? 오늘 좀 심했습니다."

"아니야, 차라리 면전에서 당당히 말한 것은 문제될 것이 없어. 정공법이 최고지. 20년 동안 이 땅에 살면서 터득한 생존법이야……."

사드 문제가 처음 불거졌을 때는 한류에 길들여져 가던 중국 젊은이들의 의식에 반한감정을 부추겨서 더 늦기 전에 한류 열풍을 차단하겠다는 의도가 엿보였다. 그러나 지나친 보복 조치를 통해 많은 한국인들이 향후 중국 편으로 돌아설 여지를 완전히 차단해 버렸다는 분석도 나오고 있다. 강대국 중국이 이웃 나라 한국을 적대시하면서 그들의 속내와 민낯을 훤히 드러냄으로써 생긴 반중정서로 인해 사드 철수는 더욱 어렵게 되고 말았다. 그런 야단법석을 치고도 달라진 것은 아무것도 없다는 의미다. 한국을 바라보는 우리 직원들의 마음도 혐한증을 안은 채 그때 그 자리에 묶여버렸다. 모두가 친구를 잃어버린 셈이다.

# 사드와
# 축구굴기 시나리오

"한국 축구가 중국 팀한테 져서, 그나마 다행입니다."

"축구라도 이겨서 콧대를 꺾어 주었어야 했는데, 분하지요."

사드 문제로 한중 관계가 급속도로 얼어붙기 시작한 2017년 봄, 한국 축구 대표 팀이 중국 축구 대표 팀에게 역사상 두 번째로 패한 뒤, 한 강연장의 마지막 질의응답 시간에 있었던 토의 내용이다. 그분의 논리는 이랬다. 우리 축구 팀이 이기기를 바라지 않는 사람이 어디 있겠는가? 하지만 이번에도 우리가 승리한다면 사드 문제로 험악해진 민심에 불을 붙이는 계기가 되지는 않을까 하는 우려에서 그런 생각을 했다고 했다. 축구보다는 중국에 진출해 있는 기업인들과 교민들의 안전을 우려했다는 얘기다. 이와는 반대로 축구라도 중국을 이겨서 사드 때문에 마음에 상처를 입은 국민들의 자존심을 세웠어야 한다는 의견도 강력했다. 중국 비즈니스 관련 강사로 초빙된 나는 장내 분위기가 정리되지 않아 쩔쩔매야 했다. 지금 생각해보면 우스운 얘기지만 당시의 험악한 중국 교민 사회의 상황을 대변해주는 상징적인 장면이다.

중국의 국가 지도자들은 각 분야에 '굴기'라는 말을 붙여 치밀하게 정책을 추진한다. 축구도 '축구굴기'라는 이름으로 무섭게 성장하고 있다. '축구를 일으켜 세운다'는 의미로 2013년부터 본격적으로 시작된 국가 정책 중 하나다. 중국의 최고 지도자 또한 열렬한 축구 팬임은 널리 알려진 사실이다. 그렇다고 해서 이런 축구굴기가 단순히 최고 지도자 한 사람의 취미 때문만은 아니다. 그들이 꿈꾸는 축구굴기의 최종 단계는 축구를 통한 '중화의 부흥'이다. 전 국민을 하나로 결집시키는 데는 축구만 한 스포츠가 없다고 생각하는 것이다.

이렇게 시작된 중국의 축구 열풍은 아시아 축구뿐만 아니라 유럽 축구에도 영향을 미치고 있다. 천문학적인 자본력을 앞세워 유명 감독과 선수를 앞다퉈 사들이고 있기 때문이다. 사실상 중국은 축구계의 블랙홀이다. 한국의 웬만한 전·현직 국가 대표 선수 중 상당수가 중국 리그를 경험했거나 지금도 몸담고 있다. 최근에도 중국 프로축구 팀이 시즌마다 한국의 간판급 선수들을 줄줄이 쓸어 담아 우리 축구 팬들이 충격에 빠지기도 했다. 중국 프로축구단은 비단 한국 선수들만 표적으로 삼는 것도 아니다. K리그에서 검증된 외국 선수도 싹쓸이 하다시피 한다.

지도자라고 예외는 아니다. 한국을 대표하는 수많은 감독들이 중국 프로 팀 감독을 경험했고 또 일부는 현재진행형이다. 한국 축구인은 같은 유교 문화권 출신이라 현지 적응에 유리하고 다른 외국 선수에 비해 성실하고 위계질서를 잘 지킨다는 점, 특히 실력에 비해 상대적으로 몸값이 저렴하다는 점이 매력이다. 사실상 K리그는 중국 슈퍼 리그의 선수나 감독 공급처로 비쳐지기도 한다.

실제로 슈퍼 리그의 기세와 열기는 대단하다. 몇몇 빅 클럽은 평균관중이 4만 명을 넘어선다. 유럽의 빅리그 수준에 근접할 정도다. 이름만 들어도 알 만한 유럽의 유명 선수들이 지금도 슈퍼 리그를 달구고 있다. 그 결과 중국 프로축구는 돈으로 아시아 프로축구 시장을 접수했고 성적으로 아시아 무대를 호령하고 있다.

하지만 국가 대표 팀으로 눈을 돌리면 문제는 달라진다. 중국 축구의 어두운 그림자가 그대로 남아 있다. 중국 대표 팀의 수준도 옛날보다는 분명 높아졌다. 그러나 '꿈의 무대'인 월드컵을 향한 길은 여전히 멀다. 중국 대표 팀의 월드컵 본선 참가는 2002년 한일 월드컵 때 딱 한 번밖에 없다. 주최국 한국과 일본이 개최국 자격으로 자동 출전했기 때문에 아시아 지역 최종 예선 통과가 상대적으로 쉬워 중국이 덕을 본 것이다.

14억 인구 대국 중국이 유독 지구촌 최고 인기 스포츠인 축구에서는 명함도 못 내밀고 있으니 자존심 상하는 일이다. 굴기를 내세워서 국가 차원에서 축구에 대한 지원을 아끼지 않는 이유이기도 하다.

중국 프로축구 팀의 고속 성장이 왜 대표 팀 성적으로 이어지지 못할까? 막대한 자금력이 오히려 독이 됐다는 분석이 있다. 각 클럽들이 전략적으로 영입하는 스타급 외국인 선수의 포지션은 대부분 공격수다. 우선 성적이 급한 감독들은 중국 공격수를 육성하기보다는 당장 성적을 낼 수 있는 외국인 유명 선수를 선호한다. 자연스레 중국 선수들은 설자리를 잃게 된다. 중요 위치에서 경쟁력을 갖추어야 할 자국 유망주가 기회를 얻지 못함에 따라 경쟁력이 떨어지는 것이다.

하지만 중국의 많은 축구 팬들은 슈퍼 리그의 성장이 곧 국가 대표 팀의 성적이라 믿었다. 그럼에도 불구하고 중국 팀은 러시아 월드컵 아시아 지역 2차 예선전에서도 부진을 거듭했다. 중국 축구 협회가 팬들에게 사과문을 발표하는 등 고전 끝에 겨우 최종 예선에 올랐다. 하지만 월드컵 본선으로 가는 길을 또다시 한국이 가로막고 있었다.

2017년 3월, 운명의 축구 한중전을 앞두고 한국 사드 문제가 전 중국을 뒤덮었다. 교민 사회를 중심으로 외출 자제령을 내리기도 했고 안전에 관련된 온갖 유언비어가 난무하기도 했다. 이런 험악한 분위기 속에서 중국에 살던 교민들조차 한국 팀을 응원하는 것은 엄두도 내지 못했다. 더군다나 축구 경기가 개최됐던 후난성 창사라는 곳은 교민들이 주로 거주하는 베이징과 상하이 등으로부터 수천 킬로미터씩 떨어져 있는 생소한 곳이었다. 이런저런 이유로 관계 당국에서도 교민들의 안전을 고려해서 응원 자제령을 내리기까지 했다. 응원의 힘을 얻지 못한 탓인지 중국 축구 팬들의 위세에 우리 선수들이 위축된 탓인지 한국 축구 팀이 중국 팀에게 충격적인(0-1) 패배를 당했다. 역사상 두 번째로 패함으로써 '창사참사'라는 신조어가 생겨나기도 했다.

그동안 큰 실망감을 안고 있던 중국 축구 팬들은 "공한증(恐韓症)*은 옛말이다"라고 호기를 부리기 시작했다. 우리 축구 팀 감독은 경질될 위

---

* 한국 축구 대표 팀은 1978년 방콕 아시안게임 이후 2010년 동아시아 축구 대회에서 첫 패배를 당하기 전까지 32년 동안 중국 대표 팀에게 한 번도 패(16승 11무)한 적이 없다. 그래서 중국인들이 한국 축구에 대해 느끼는 두려움을 비유적으로 표현한 용어다. 중국 선수들이 한국 선수들만 만나면 두려워서 제대로 실력 발휘를 하지 못한다는 뜻도 있지만 한국 축구를 향한 부러움과 질투가 묻어 있기도 하다.

기에 처했고, 중국 팀 감독은 개선장군처럼 기세등등했다. 그때까지의 예선 성적만 놓고 볼 때 중국 팀은 월드컵 본선행에 대한 꿈보다는 한국 축구를 꺾었다는 데 더 큰 의미를 부여하는 듯했다. 예전에는 '공한증'이라는 뿌듯한 단어와 함께 중국을 가볍게 여겼지만 이날 경기를 계기로 사정이 많이 달라졌다. 축구 얘기만 하면 꼬리를 내리던 중국인들의 기세가 하늘을 찌르는 듯했다. 심지어 우리 직원들조차 중국이 한국을 이겼다는 자신감으로 의기양양했다.

돌이켜 보면 2017년은 중국인들에게 의미 있는 한 해였다. 몇 년 전부터 중국은 일본 경제력을 앞질러서 사실상 미국과 함께 G2로 자리매김하고 있었다. 남중국해에서는 영토 문제로 최강국 미국과 '맞짱 뜨는' 일이 벌어지기도 했다. 동남아에는 중국 자본이 쓰나미처럼 밀려들고 있다. 과거에는 상상도 못할 일이 비일비재하게 일어났다.

중국 내에서는 한국 브랜드 휴대폰의 시장점유율이 1퍼센트 아래로 곤두박질치고, 유명 외국 기업을 밀어내고 자국 브랜드가 시장을 점령하기 시작했다. 시장 개방 40년의 결과가 결실을 맺는 분위기였다. 중국 시장 전체가 자신감으로 일렁였다.

결과적으로 사드 문제는 중국인들이 자신감을 분출할 수 있는 계기를 제공해 준 셈이다. 과거 백 년 동안 실추됐던 중화 민족의 기상을 되찾아 보겠다는 의지가 하늘을 찔렀다. 사드를 핑계 삼아 반한감정을 표출하고 초강대국 미국에게 도전장을 내민다. 다른 한편으로는 한국 정도의 기술력은 충분히 따라잡았으니 한국 기업은 이제 철수하라는 선전 포고를 한 셈이다. 또 다른 의미의 공한증 극복이었다.

당시에는 공한증 극복을 내걸고 축구 경기 하나에 14억 중국인의 시선을 모으기 위해 고군분투하던 중국 축구 협회의 노력이 우습기만 했다. 하지만 공한증 극복을 위한 외압이 한국 기업의 목까지 죄여오자 상황이 달라지기 시작했다. 이 모든 것이 중국 정부의 굴기 정책과 맞닿아 있다는 것을 깨달았을 때는 수많은 한국 기업이 자의 반 타의 반으로 철수 행렬에 가담한 뒤였다. '축구를 통한 공한증 극복' 그다음이 '사드반대'를 외치면서 자신감 회복, 이 모든 것이 보이지 않는 손에 의해서 치밀하게 연출된 작품이라 생각하면 아직도 등골이 오싹하다.

# 옛 영광을 그리는
# 교민 사회

　상하이 홍첸루는 교민과 주재원이 가장 많이 몰려 사는 상하이의 한 인타운이다. 10여 년 전까지만 해도 구베이 지역이 한인타운의 중심지였다. 그러나 구베이 지역의 비싼 집값과 치솟는 임대료 등을 피해서 홍첸루로 사람들이 모이기 시작하더니 지금은 상하이에서 최고 번화한 한 인타운이 되었다. 한국계 은행은 물론 한인 슈퍼, 식당 등이 몰려 있어 늘 불야성을 이룬다.

　한밤중에 이 지역에 가면 여기가 한국인지 중국인지 헷갈릴 정도다. 한국어 간판이 즐비할 뿐만 아니라 시쳇말로 한국에 관해서는 없는 물건이 없을 정도다. 한국인이 모여 살면서 각종 편의 시설이 들어서자 살기 편하다는 입소문이 나면서 중국인까지 몰려들었다. 드라마 '태양의 후예'가 중국인의 안방을 점령할 때만 해도 한류 바람 덕분에 이곳의 한국계 카페나 주점에는 중국 젊은이들이 '치맥'을 맛보려고 장사진을 이루곤 했다.

하지만 지금은 상전벽해라는 고사성어가 실감 날 만큼 변해버렸다. 몇 년 전부터 인건비 상승과 임대료 상승 등으로 한국 업체가 현지 업체에게 밀리기 시작했다. 그런 와중에 사드태풍이 몰아닥친 것이다. 그렇게 번잡하던 홍첸루도 사드태풍을 피해 갈 수 없었다.

한국 상품과 음식점 불매운동, 한국인에 대한 적대감이 퍼지면서 수많은 한국 식당이 반한감정을 피해서 문을 닫거나 간판에서 한국적인 색채를 없앴다. 한국 관광객의 중국 방문이 크게 줄어든 것도 한인타운이 활기를 잃어가는 데 일조했다. 대형 유통 기업을 선두로 한국 기업의 철수가 줄을 이었다.

상하이 인근 지역까지 포함해서 한때 10만 명에 달했다는 교민 수는 3분의 1 수준으로 줄었다고 한다. 지금까지 느슨하게 운영되던 외국인 거류증 제도가 사드사태를 계기로 철저하게 관리되면서 학생 수도 줄어들게 됐다. 그전까지는 상하이 부근에 소재한 회사 주재원은 상하이에 가족을 두고 주말부부 형태로 생활하는 경우가 많았다. 자녀들은 상하이 소재 국제 학교를 비롯해서 한국 학교, 중국 학교 등을 선택해서 보냈다. 그러나 강화된 외국인 거류증 제도는 상하이 소재 회사에 소속된 직원에게만 거류증을 발급해주고 있다. 상하이 거류증이 없는 부모의 자녀는 기숙사가 있는 일부 학교를 제외하고는 상하이 소재 학교에 편입학 자체가 불가능해졌다.

거기다가 중국 사업의 불확실성으로 인해 많은 회사가 주재원 수를 줄여 나갔다. 지금까지 연간 수천만 원씩 하는 주재원 자녀들의 국제 학교 학비를 부담해주던 회사도 비용 절감을 이유로 비교적 어린 자녀를 둔 직원으로 교체하기 시작했다. 회사에서도 어쩔 수 없는 선택이었다. 이로 인해 한인 사회에는 '유모차 부대'라는 신조어까지 등장하고, 학생 수 급감으로 인해 운영난에 봉착한 입시 학원들이 줄줄이 문을 닫는 현상이 벌어졌다.

중소기업과 대기업 주재원이 철수한 아파트나 주택은 중국 중산층, 그리고 외국계 기업에 취업한 중국 젊은이들이 속속 차지했다. 그렇게 해서 '중국 속의 작은 한국'이라 불리던 상하이 훙첸루의 한인타운도 과거의 영광을 잃어가고 있다.

상하이 교민 사회의 위축에 일조하는 중국의 외국인 거류증 제도는 중국 정부의 부동산 정책과도 일맥상통한다. 그 근원은 자유로운 인구 이동을 제한해 온 중국의 호구 제도에서부터 출발한다. 대도시로의 인구 집중으로 인한 다양한 도시문제와 사회 혼란을 우려하기 때문에 지금도 농민공의 대도시 시민권 취득은 엄격히 제한하고 있다.

외국인도 이 규정에 적용을 받아서 자신이 합법적으로 체류 허가를 받은 지역의 시민이 된다. 가령 상하이와 접경 지역인 장쑤성 쿤산 시 소재 회사에 파견된 직원이라면 상하이에서 출퇴근 가능 여부와 관계없이 쿤산 시민으로 거류증을 발급받아야 한다. 예전과 달리 상하이 거류증을 취득할 수 없는 구조다. 중국 정부에서는 외국인도 당연히 중국 호구 제도의 적용을 받아야 한다고 하지만 왜 하필 사드 문제를 계기로 이 제도를 더 엄격히 시행했을까 하는 의구심이 드는 건 어쩔 수 없다.

이로 인해 상하이 소재 회사로부터 근로 허가를 받지 못한 사람은 상하이 시내의 부동산 취득도 제한된다. 만일 이런저런 방법을 동원해서 부동산을 취득했더라도 외지인 취급을 받아서 매년 외지인 보유세*를 별도로 부담해야 한다. 게다가 날로 치솟는 물가로 인한 높은 주거 비용도 교민 사회 위축에 한몫하고 있다.

　그러다 보니 몇 년 전까지 그렇게 활발하던 각급 학교의 동문회는 물론이고 향우회, 취미 활동에 관련된 동우회 등도 쇠퇴하고 있다. 이제 상하이의 교민 사회는 대세를 되돌릴 수 없는 분위기다. 중국은 미국처럼 이민 제도가 있는 것도 아니기 때문에 대규모의 새로운 인력 수급이 쉽지 않다. 대기업 주재원이나 중소기업 관계자가 떠난 자리를 자영업자가 대체하기에는 역부족이다. 문제 발생 시에 개별적인 대응도 쉽지 않다. 상하이의 교민 사회는 전반적으로 과거의 영광을 그리워하는 분위기다.

---

* 2011년부터 상하이와 충칭 지역에서 부동산 보유세 시범 시행의 일환으로 외지인 방산세(재산세)가 처음 도입됐다. 주택 시장 침체, 경제 둔화 여파, 고위 관료 등 다주택 보유자의 보이지 않는 반대 등으로 전면적인 보유세 도입이 쉽지 않자 고가 주택 보유자와 외지인에게만 세율 0.4~1.2퍼센트의 부동산 보유세를 부과하기 시작했다.

# 중국몽의
# 민낯

# 그들만의 리그로
# 세상을 길들이다


2018년 11월 초, 상하이 시내는 제1회 국제수입박람회 개최를 앞두고 이미 축제 분위기였다. 시내 곳곳에 다양한 행사 관련 홍보 표지판과 현수막을 거는 등 개최 도시인 상하이는 수입박람회 축제 분위기를 최고조로 끌어올리고 있었다.

중국이 수입박람회에 이 같은 공을 들였던 이유는 중국이 자국 시장을 개방하고 있다는 신호를 주기 위함이었다. 뿐만 아니라 박람회를 통해서 그토록 강조해 왔던 자유무역 확대, 보호무역 반대라는 슬로건을 전 세계에 대대적으로 선전할 수 있기 때문이었다.

이와는 별도로 많은 사람들이 박람회의 규모를 보고 놀라움을 금치 못했다. 축구장 42개 크기의 상하이 훙차오 국가회의전람센터(NECC)는 국제도시 상하이의 위상을 보여주었다. 세계 500대 기업 중 200여 개를 포함해 총 172개 국가 3,600여 개 기업의 40만 바이어가 참가했으며, 누적 입장 총인원 80만 명을 기록한 것으로 알려졌다. 중국의 14억 인구가 형성하고 있는 거대한 구매력을 근거로 미국과의 무역전쟁 중에 자국 시장의 힘을 과시하려는 의도가 다분한 행사였다. 세계 최대급 컨벤션 센터 주변에는 인공지능(AI)이 탑재된 최신형 감시 카메라를 설치함으로써 치안 강화와 함께 첨단 기술력을 자랑하기도 했다.

그런데 이 행사의 성공을 위해 주말인 11월 3, 4일을 근무일로 바꾸고 행사가 시작되는 5일부터 이틀을 대체공휴일로 지정한 것이 문제였다. 상하이는 인근의 장쑤성 쑤저우 시와 저장성 자싱 시 등과는 사실상 메트로폴리탄이다. 시의 경계를 구분 짓는 것조차 애매한 동일 생활권이다. 그럼에도 불구하고 휴일과 근무일을 갈라놓았기 때문에 박람회가 개최되는 일주일 내내 불편함을 감수해야 했다. 본사와 협력 업체 또는 상하이 사무실과 인근 공장 간에 혼잡이 극에 달했다.

잡음은 여기서 그치지 않았다. 약 한 달 전부터 시내 곳곳은 물론 시내로 들어오는 입구마다 장갑차 등으로 중무장한 공안들이 검문검색을 강화했다. 출퇴근 시간에는 검색대 앞에 늘어선 차량 행렬이 끝이 보이지 않았다. 중국은 국가적인 행사가 있을 때마다 검문검색이 일상화된다. 신분증 검사는 물론 차량 짐칸까지 금속 탐지기로 검색을 하는 등 불편이 이만저만이 아니다.

나는 박람회가 개최되기 며칠 전 저녁 상하이 시내에서 손님을 만나기로 되어 있었다. 회사가 있는 쿤산 시에서 약속 장소인 상하이 시내까지는 평소 1시간이면 충분했다. 원래 다니던 고속도로는 한층 강화된 검문검색으로 인해서 차량이 장사진을 치고 있을 것이므로 기사에게 칭푸 방향으로 가자고 했다. 그곳은 지형을 잘 아는 사람들만 다니는 1차선 오솔길이었다. 상하이와 쿤산 시를 연결하는 지름길이기도 했다. 아뿔싸! 좁은 오솔길은 양방향에서 몰려드는 차량으로 꽉 막혀 있었다. 공안원 3명이 한쪽 차선을 막고 10여 대씩 검문검색을 한 후에 반대편 차선의 차량을 검문검색하는 방법으로 일방통행만 시키고 있었다. 검문검색을 피하기 위해서 선택한 길이 자충수가 되어버린 셈이다.

대기 행렬 속에는 외국인도 많았지만 모두가 불평 한마디 없이 자기 순서가 오기를 기다리고 있었다. 울화통이 치밀었지만 돈키호테가 될 수도 없었다. 오솔길을 택한 어리석은 선택부터 1시간 넘게 대기 행렬에 끼어 있던 내 모습은 어느새 중국화(?) 되어 있었다.

이 같은 중국화 논란은 외국인이 중국 방식을 따라가는 작은 예에 불과하다. 2000년대 초반까지만 해도 미국의 다국적기업은 중국의 춘절 문화를 인정하지 않았다. 왜 기업에서 근로자에게 춘절 휴가를 보름씩 주어야 하고 심지어는 한 달 뒤에나 얼굴을 내미는 근로자가 있느냐는 것이다. 바이어 측에서는 매달 출고하는 물량을 배정하면서 이런 사정을 전혀 고려하지 않았다. 한마디로 동서양 문화의 충돌이었다.

하지만 이런 회사의 고충을 근로자가 알아줄 리 없다. 춘절이 다가오기 일주일 전부터 귀성 행렬에 동참하는 근로자도 있다. 회사에서도 며칠씩 걸려서 고향에 가야 하는 근로자의 사정을 무시할 수도 없다. 이렇게 되면 회사는 곤욕을 치러야 한다. 바이어가 원하는 납기를 맞추기 위해서 춘절 전후에는 거의 매일 밤늦은 잔업으로 생산량을 미리 맞춰 두어야 하기 때문이다. 이에 따른 추가 비용은 고스란히 회사가 떠안아야 한다. 미국 측 바이어는 자신들의 재고 부담을 줄이기 위해서 생산 일정

조정을 허락하지 않기 때문이다. 해마다 이런 일이 반복되면 생산 공장에서 아무리 노력해도 바이어의 요구조건을 충족시키기 힘들어진다.

언제부터인지 연말이 다가오면 바이어 측에서 춘절 휴무를 먼저 걱정하기 시작했다. 적기에 물품을 인도받지 못하면 판매 시기를 놓치기 때문이다. 장기적으로 생산 공장과 바이어 측 모두의 손실이 될 수 있다. 10여 년간 이런 일을 반복하다 보니 그렇게 콧대 높던 바이어 측에서도 춘절 문화에 익숙해져 갔다. 자신들이 아무리 갑의 입장일지라도 중국의 춘절 문화 자체를 바꿀 수는 없기 때문이다. 이제는 중국의 춘절 문화가 미국의 추수감사절보다 더 큰 행사라는 것을 그들도 받아들인다. 모두가 중국 방식을 따라갈 수밖에 없게 된 것이다.

1989년 '톈안먼사건'* 직후 미국을 비롯한 서구 자본은 중국공산당의 민주화 운동 탄압에 항의하며 대중국 투자를 전면 중단했다. 이제 막 동력이 붙기 시작한 중국의 개혁 개방정책에 제동이 걸렸지만 덩샤오핑은 눈 하나 꿈쩍하지 않았다. 뼛속까지 사회주의자였지만 실용주의 노선을 택한 덩샤오핑은 서구 자본의 속성을 꿰뚫고 있었다. 중국이라는 고깃덩어리(시장)가 너무 크기 때문에 미국을 비롯한 서구 자본이 절대로 포기하지 못할 것이라는 사실을 정확히 간파하고 있었다. 얼마 후 서구 자본은 제 발로 돌아왔고, 중국은 초고속 성장을 이어 갔다.

---

* 1989년 6월 4일, 공산당 총서기를 지냈던 후야오방 추모 집회에서 덩샤오핑의 개방정책으로 인한 사회 혼란과 불평등 현상에 대한 불만을 표출한 민주화 운동이다. 베이징의 톈안먼 광장에서 연좌시위를 벌이던 학생·노동자·시민들을 계엄군을 동원하여 탱크와 장갑차로 해산시키면서 발포, 많은 사상자를 냈다. 이 같은 덩샤오핑의 강경진압으로 인해 톈안먼에서 전개되었던 50여 일간의 민주화 운동은 비극적 결말을 맞았다.

이러한 정황은 30년이 지난 지금도 변함이 없다. 중국에서 '구글' 검색엔진 사용은 2010년부터 차단됐다. 구글이 중국 정부의 검열을 거부한 데 따른 것이다. 그런데 최근 구글은 민주, 인권, 톈안먼 등 문제가 될 만한 단어를 누락시키는 엔진을 개발하고 있다고 한다. 중국 시장에 다시 진출하기 위해서다. 이 문제로 구글 내부에서도 갈등이 끊이지 않고 있어 결과는 더 지켜봐야 하는 상황이다.

'페이스북'은 2009년 중국 정부에 의해 접근이 차단됐다. 신장 위구르 사태에 항의하는 세력이 페이스북을 의견 표출의 창구로 사용했다는 이유에서였다. 지난 10년 동안 페이스북은 중국 재진출을 위해 줄곧 중국 정부에 러브콜을 보냈다. 페이스북의 창업자인 마크 저커버그는 시진핑 주석에게 자기 딸의 중국 이름을 지어 달라고 부탁하는가 하면 그의 중국계 부인 프리실라 첸을 중국 짝사랑의 상징물로 활용한다는 비난도 들었다. 이런 눈물겨운 구애에도 불구하고 페이스북은 아직도 대륙 땅에 '얼굴'도 못 내밀고 있다. 그러는 사이 중국 토종 업체는 중국 시장을 선점하고 있고 중국 시장의 힘은 갈수록 커지고 있다.

국가 행사가 있을 때마다 반경 수백 킬로미터 내의 위험성(소방, 안전 등)을 안고 있는 공장은 조업 중단 조치를 당한다. 최근 들어서는 그 강도가 더 심해지고 있는데, 어디 하소연할 곳조차 없다. 살아남기 위해서는 문제 제기를 하지 않는 것이 옳은 선택이다.

국제수입박람회 기간에 그렇게 부당하고 불편한 일이 반복되어도 외국 기업, 외국인 그 누구도 이의를 제기하지 못했다. 중국 진출 기업은 자신들의 의지와는 상관없이 울며 겨자 먹기 식으로라도 박람회에 참가해야 하는데, 박람회에 참가하지 않으면 불이익을 준다는 협박을 당하지 않아도 시장의 눈치를 외면할 수가 없기 때문이다. 그들만의 방식에 길들여지는 것이 생존법인 셈이다.

# 자라 보고 놀란 가슴
# 솥뚜껑 보고 놀란다

한국에서 대형 사건 사고가 있을 때마다 많은 전문가들은 한국인들의 '빨리빨리 문화'에서 그 원인을 찾는다. 한국인들은 빠르긴 하지만 성급하게 일을 처리하다가 상황을 그르치기도 한다는 지적이다. 이런 특성은 부실 공사의 단초가 되기도 한다. 그러나 그런 속도 문화가 오늘날 한국을 첨단 기술력을 지닌 역동적인 국가로 발전시킨 원동력이었다는 데는 이견이 없다.

국내에서는 이미 일상화되어서 편리함을 모르고 지내는 것 중에 해외 교민들에게는 자랑스러운 것이 많다.

대표적인 것이 공항 업무와 관련된 종사자들의 업무 처리 속도와 한국의 인터넷 속도다. 국제 평가 기관의 수치를 예로 들지 않더라도 한국 공항의 출입국장에 들어서면 그 편리함이나 일 처리 속도가 단연 압권이라는 것을 느끼게 된다. 세계 어느 나라를 가더라도 이 분야만큼은 한국을 따라잡을 곳이 없다. 한국의 지방 공항 어디도 뉴욕이나 싱가

포르 국제공항보다 일 처리 속도가 뒤지지 않는다. 워싱턴이나 보스턴 공항에서 인종차별적인 모욕을 당하고 호놀룰루 공항의 노후한 청사에서 1시간씩 줄을 서보면 한국 공항의 안전함이나 신속함은 더 크게 느껴진다.

상하이 홍차오 공항 입국장에서 외국인을 줄 세워 놓고 한 손으로 휴대폰 검색을 하는 중국인 직원을 보면 한국 출입국관리소 직원들의 직업 정신에 저절로 고개가 숙여진다. ICT 강국이라는 기술 덕도 있지만 서비스 정신과 함께 속도 문화가 우리 사회 전반에 녹아 있다는 방증일 것이다.

이뿐만 아니라 해외여행을 한두 번이라도 해본 사람이라면 인터넷 속도는 역시 한국이 최고라는 것을 깨닫게 된다. 거기다가 중국에서 오래 살다 보면 눈치 보지 않고 마음대로 즐기는 한국의 인터넷 환경은 최고의 자랑거리다.

한국 땅에 발을 내딛는 순간 카카오톡을 비롯한 온갖 메신저를 문제없이 사용할 수 있고, 인터넷 검색도 빛의 속도로 가능하다. 이런 상황을 알고 있는 중국인에게는 한국의 인터넷 환경이 부러움의 대상이 되기도 한다.

2019년 3월 초, 해외 생활의 좋은 친구였던 한국 TV가 먹통이 되었다. 중국은 한국과 시차가 1시간밖에 나지 않기 때문에 중국에 거주하는 교민에게 TV는 가장 좋은 정보원이다. 저녁 8시에 한국 9시 뉴스를 실시간으로 볼 수 있기 때문이다.

중국에 거주하는 교민은 한중 수교 이후부터 스카이라이프를 통해서 한국 TV를 시청해 왔다. 베란다나 발코니에 큼직한 접시안테나가 설치되어 있는 집은 한국 교민이 거주하는 집임을 짐작할 수 있었다. 인터넷이 활성화되면서부터 접시안테나는 하나둘 자취를 감추고 지금은 IP TV가 대세로 자리 잡고 있다. 그런 IP TV가 어느 날 갑자기 먹통이 된 것이다.

중국의 인터넷 환경이 한국과는 많이 다르기 때문에 가끔씩 TV가 먹통이 되는 불편함을 겪어 왔음에도 불구하고 이날은 가슴이 철렁 내려앉았다. 문득 "혹시 지금 베이징에서 개최되는 '양회(兩會)'* 때문에 한국 TV까지 통제하는 것 아닌가?" 하는 생각이 든 것이다. 만일 그렇다면 중국 생활 말년을 암흑 속에서 살아가야 한다는 뜻이 된다. IP TV를 관리해주는 업체에 전화를 걸었지만 시원한 답을 듣지 못했다. 나중에야 교민 수 감소로 인해 IP TV 관리 업체가 변경, 통합되는 과정에서 발생한 문제로 추정된다는 답변을 듣긴 했지만 그 또한 어디까지가 진실인지는 알 수 없다.

중국은 양회 같은 큰 정치 행사가 있을 때면 인터넷을 차단하는 일이 일상이다. 매년 6월 4일이 되면 '톈안먼' 같은 정치 관련 용어는 검색 자체가 안 되는 것이 좋은 예다. 대부분의 중국인들은 2010년 전 세계인의 이목을 집중시켰던 튀니지의 재스민 혁명이나 우크라이나의 오렌지 혁명, 조지아의 장미 혁명 등 민주화 관련 사건에 대해서는 사건 발생

---

* 중국에서 매년 3월에 거행되는 전국인민대표대회와 전국인민정치협상회의를 통칭하는 용어다. 양회를 통해 중국 정부의 운영 방침이 정해지기 때문에 중국 최대의 정치 행사다.

자체를 알지 못한다.

IP TV 불통 문제를 중국 정부가 한국 TV를 차단한 것으로 추정한 것은 중국 정부의 한국 포털 사이트 차단 때문이다. '자라 보고 놀란 가슴 솥뚜껑 보고 놀란 격'이다.

2019년 1월부터 중국에서는 한국 포털 사이트인 '다음' 접속이 불가능하다. 시진핑 주석이 〈인민일보〉를 방문한 자리에서 "여론 공작이 도전에 직면했다"고 말한 뒤부터 한국인의 정보망이 차단된 것이다. 이에 앞서 2018년 10월부터는 네이버 카페나 블로그 등이 차단되었다. 다음 이메일이나 네이버 카페나 블로그를 사용하는 개인사업자나 교민들은 불편함이 이만저만이 아니다.

중국에 거주하는 교민들은 중국인이 이용하지도 않는 한국 사이트를 왜 차단하는지 영문도 모른 채 불편함을 겪고 있다. 이러한 어려움을 호소할 방법도 모르고 대책도 없다. 단지 짐작되는 것은 한국 정부가 이런 문제를 해결해 주지 못할 것이라는 것과 쓸데없이 걱정해 봐야 부질없는 짓이라는 것뿐이다.

2019년 초부터 한국에서는 'https 차단' 관련 소식이 논란이 되었다. 차단 정책 반대 국민청원에 대한 청와대의 공식 답변과 방송통신위원회의 입장이 전해지기도 했다. 여기서 한국의 https 차단 문제에 대해 옳고 그름을 따질 수는 없지만 청와대 게시판을 통해서 국민과 소통하는 모습은 중국에서는 생각지도 못하는 일일뿐더러 차원이 완전히 다른 문제다.

가끔은 한국에서 70, 80년대 학창 시절 금서로 지정된 책을 프린트해서 돌려 보던 시절이 떠오른다. 요즘도 인터넷 문제로 한국 TV가 잠시라도 중단되면 가슴이 철렁 내려앉는다. 중국의 인터넷 통제가 끝이 보이지 않는다. 한국 교민들은 지금 손발이 다 묶인 채 '기울어진 운동장'에서 달리고 있다.

# 중국인도 모르는
# 중국의 변덕

아시안컵 축구 경기가 열리던 2019년 1월, 아랍에미리트(UAE)의 평균 기온은 섭씨 22도로 한낮에는 30도를 넘었다. 강하게 내리쬐는 햇볕 아래에서 중국 대표 팀 선수 중 한 명은 긴팔을 입고 축구 경기를 했다. 대표 팀 선수 문신 금지령 때문이었다. 중국축구협회는 2018년 3월에 중국 슈퍼 리그와 중국 국가 대표 경기에서 문신을 드러내는 것을 금지했다. 건전한 축구 문화를 팬들에게 제공하기 위해서라고 했다. 그 이후부터 문신이 있는 선수는 테이프, 긴팔 언더셔츠 등을 이용해 문신을 가린 채 경기에 나서고 있다.

천문학적인 돈을 투자해서 수입한 외국인 선수에게까지 불똥이 튀었다. 외국 언론은 이에 대해서 비상식적인 규제라고 비판했다. 그라운드 한가운데서 뛰어다니는 축구 선수의 몸에 문신이 있는지 없는지 관중석에서 보이지도 않기 때문이다. 개성을 무시하는 통제 정책의 한 예다. 중국 국가를 부를 때 움직인 선수에게 징계가 내려졌다는 보도도 있었다. 상식적으로 납득하기 어려운 일이지만 중국에서는 당연히 있을 수 있는 것들이다.

흔히 중국은 안 되는 것도 없고 되는 것도 없는 곳이라고 푸념하곤 한다. 그 대표적인 분야가 환경 관련 정책 분야다. 2018년 7월, 중국 정부로부터 문서 한 장이 위챗(WeChat, 중국판 카카오톡)으로 날아왔다. '양쯔강 지류로부터 1킬로미터 이내에는 향후에 어떤 공장도 신규 허가를 불허한다'는 내용이었다. 처음에는 대수롭지 않게 그냥 신규로 투자하는 공장에 대해 허가 조건을 강화하는 정도로 이해했다. 안후이성 정부로부터 문서를 전달받은 시 정부에서도 신규 공장 건설을 불허하는 정도로 이해하고 있었다. 그러나 며칠이 지나자 시 정부에서 충격적인 통보를 해왔다. 7월 1일부터 우리 공장이 입주해 있는 이 공단에는 신규 공장 건설은 물론 기존 공장 내에 신규 업종 허가 자체를 불허한다는 것이었다.

우리 공장이 위치해 있는 안후이성 쉬안청 시에는 양쯔강 지류인 쉐이양강이 흐른다. 이 강과 공단 사이에는 둑과 도로만 있기 때문에 사실상 공단은 쉐이양강과 붙어 있다. 이 때문에 이 공단의 절반 정도는 강으로부터 1킬로미터 이내에 위치해 있는 셈이다. 원칙과 기준을 적용하면 늘 공장 측이 을의 입장이 될 수밖에 없는 환경 정책을 핑계로 공장 건물과 부지의 매매 행위 자체를 중단시켜 버린 것이다.

원가 상승, 사드사태 등으로 25년 동안 지속해 온 중국 사업의 철수 여부를 고민하던 차 날벼락이 떨어진 것이다. 통보받은 대로라면 우리 공장은 향후에 매각 처분도 힘들어질뿐더러 임대업도 사실상 불가능해진다. 이 공단에 신규 사업 자체를 불허할 경우 그 누가 1만 평(3만 3,000m²)이 넘는 이 공장을 매입하겠는가? 그냥 버리고 나가라는 최후 통첩 아니면 무엇이란 말인가?

2007년 장쑤성 쿤산 시에서 이곳으로 공장을 이전해 올 때는 온갖 유인책을 제시했었다. 그런데 10년이 넘는 동안 1,000명이 넘는 종업원의 고용 효과나 지역사회 발전에 기여한 공로는 공중에 흩어져 버린 것이다.

"엄격한 기준의 환경영향평가를 통과한 업체는 입주가 가능하도록 정책을 변경해야 되지 않느냐"고 몇 차례에 걸쳐서 시 정부에 의견 개진을 했지만 돌아오는 것은 "권한 밖"이라는 대답뿐이었다. 그러나 언제 또다시 '용도가 변경됐다'는 좋은 소식이 훈풍을 타고 날아들지 알 수 없다. 기다리는 것이 최선의 방법이다.

무작정 숨죽이면서 기다리는 것이 아니라 더욱더 원칙과 관련 규정을 철저히 따르면서 때를 기다려야 한다. 어설픈 꽌시에 기대 재산권 침해에 대한 위법성을 호소해본들 오히려 불이익을 당할 수 있다. 그것이 정글 속에서 진행되고 있는 불공정한 게임의 룰에서 외자 기업이 살아남는 길이다.

이런 사례는 중국에서는 충분히 있을 수 있는 일이다. 지금은 회복세에 있다지만 한국산 분유는 한때 중국 정부의 까다로운 기준 때문에 수출에 어려움을 겪었다. 1개 공장에 3개 브랜드만 수출할 수 있도록 한 규정도 있다. 공장 심사를 지연시키는 몽니를 부리기도 했다. 사드사태 때 언론 보도에 따르면 비타민 성분이 들어 있다는 이유로 사탕을 의약

품으로 분류해서 통관시키라 하고, 날짜 표기(06-19-2017)에서 하이픈 (-)을 빼라면서 통관을 거부하기도 했단다.

　국제사회에서는 중국을 강대국이라고, 미국과 함께 G2라고 부른다. 미국이나 중국 같은 강대국도 당연히 자국을 위한 정책을 펴야 한다. 하지만 그 정책이 국제 규범에 근접할 때만 합리성과 정당성을 인정받을 수 있다. 전문가에 따르면 미국의 주류 사회에서는 아직도 중국을 G2로 인정하지 않는다고 한다. 미국은 1등에게 도전하는 것 자체가 싫어서 중국을 동급 경쟁자로 생각하지 않겠지만, 아직은 중국이 국제사회를 관리할 능력이나 의지가 부족하다고 보기 때문에 중국을 자신들과 같은 반열에 올려놓기 싫은 것일 수도 있다. 내일을 예측하기 어려운 사회, 그래서 중국을 G2라고 부르기 민망할 때가 많다.

# 숫자에 발목 잡힌 미세먼지

"사드보다 무서운 게 환경오염 단속입니다."

요즘 중국에서 기업 활동을 하는 사람들의 볼멘소리다. 몇 년 전부터 강화된 환경 단속은 한국 기업만 겨냥한 게 아니라 거스를 수 없는 대세다. 사드 배치에 따른 중국의 경제 보복으로 경영 악화에 빠진 한국 기업이 환경 규제라는 변수로 인해 이중고에 빠져 있기 때문에 그 피해가 더 크게 느껴진다.

적법한 토지 사용권이나 건물 등기증 없이 공장을 운영하는 곳, 환경 영향평가를 받지 않고 생산 라인을 증설한 곳, 기준 미달의 환경오염 방지 시설이나 오염 물질을 배출하는 곳 등은 더 이상 묵인되지 않는다. 경우에 따라서는 공장 폐쇄 조치까지 내려진다.

중국 정부의 '푸른 하늘 지키기'* 정책은 2013년에 시작됐다. 미세먼지를 줄이기 위해서 연간 수만 명의 단속 요원을 투입한다. 그 결과 2017년 한 해 동안 전국에서 18만여 개의 기업이 폐업하거나 타 지역으로 이전,

단전, 단수 조치 등을 당했다는 보도가 있었다.

기업도 환경 관련 검사를 몇 차례 경험해보면 내공이 길러진다. 그래서 많은 기업들은 단속 그 자체보다는 불합리한 기준이나 이중 잣대를 두려워한다. 환경 단속반이 공장을 방문한 자리에서 친환경적 근무 환경을 칭찬하고 돌아갔는데 며칠 뒤 엉뚱한 환경 관련 사안을 지적하는 통지문이 날아오기도 한다. 다분히 실적 위주의 단속이기 때문이다.

환경 관련 지적을 받은 뒤 관련 시설 보수 공사를 할 때도 난감한 일이 많다. 대부분 당국이 시설 보수를 맡길 업체를 지정해 준다. 비용 증가는 불을 보듯 뻔하다. 그러나 거기서 끝이 아니다. 담당자가 교체되면 같은 일이 반복되는 것도 부지기수다. 이런 일을 몇 차례 겪고 나면 여력이 없는 영세기업은 단속반의 눈을 피해서 야간에만 공장을 돌리거나 속수무책으로 문을 닫는다. 상황이 이 지경이니 미세먼지 정책이 효과를 거둘 리 없다.

중국의 환경 정책을 비웃는 데는 또 다른 이유가 있다. 잊을 만하면 나오는 중국 정부의 통계 조작 얘기다. 2019년 3월, 중국 양회 기간 중에 리커창 중국 국무원 총리가 업무 보고에서 새해 경제성장률 목표치를 전년도 경제성장률 6.6퍼센트보다 약간 낮은 6~6.5퍼센트로 제시했을 때 많은 사람들이 의구심을 가졌다. 실물 경기는 점점 침체되어 가는데 전

---

* 친환경 에너지전환 정책으로 풍력, 태양력 에너지 등 청정에너지 사용 비율을 높이고, 대기오염의 주범인 석탄 화력발전소를 점차 줄이겠다고 선언했다. 중국 북부 지역의 악명 높은 오염 유발 기업에 공장 가동 중단 혹은 생산량 감축을 명령하고, 검사 전담 요원 5,600명을 투입하여 오염 배출이 많은 기업을 24시간 감시하고 기준 미달 시 폐쇄까지 감행하는 초강경 환경 정책이다.

년과 비슷한 목표치를 제시했기 때문이다. 체감 경기를 감안하면 전년도 경제성장률이 6.6퍼센트라는 발표 자체도 의심스러운 상황이었다. 최고 지도부들은 '바오빠(保八, 경제성장률 8% 고수 전략)'와 '바오치(保七, 경제성장률 7% 고수 전략)'가 연달아 붕괴되자 성장률이 낮아지고 있다는 것만으로 부담을 느끼는 것 같다.

중국 정부에서 발표하는 통계를 불신하는 데는 이유가 있다. 중국의 경제통계는 향급 행정구부터 현, 시, 성, 중앙정부 등 여러 단계를 걸쳐서 수집된다. 최하위 행정기관인 향이 경제지표를 집계해서 시(현)에 보고하고 시는 다시 상급 기관에 보고하는 구조다. 중국의 향급은 약 4만 개에 달한다. 매 단계마다 약간의 숫자를 조작하는 분식을 하면 전체 통계는 엄청난 차이가 나게 된다. 실제로 각 단위의 통계국을 거치면서 경쟁적으로 부풀려진다는 의견이 지배적이다. 각 지방의 실적이나 성과를 근거로 서열화하기 때문에 통계 조작의 유혹을 뿌리치기 어려운 것이다. 또한 각종 통계 수치는 국가권력의 정당성을 뒷받침하는 수단이 되기도 한다. 그러니 하위 행정기관의 통계가 왜곡되는 것을 당국이 알면서도 묵인한다는 것이다.

이와 같은 통계 집계 방식 때문에 환경 관련 기록이나 미세먼지 관련 기록도 불신하게 된다. 겨울철 대기오염의 주범이 석탄에 있다는 지적이 있는데, 중국이 전 세계 석탄의 약 50퍼센트를 소비하기 때문이다. 선진국은 석유, 석탄, 가스 사용량이 3대 3대 3 정도이지만 중국은 석탄 사용 비율이 전체 연료의 60퍼센트에 이른다. 그동안 정부의 노력으로 비율은 줄었지만 절대량 자체가 워낙 많기 때문에 큰 효과가 없다.

중국 최대의 정치 행사인 양회 기간에는 베이징의 맑은 하늘을 지키기 위해서 정부가 나서서 베이징 인근의 오염 물질 배출 공장 가동을 일시 중지시킨다. 그게 무슨 의미가 있는지 모르겠지만 '눈 가리고 아웅' 하는 연례행사다. 환경 단속반이 들이닥친다는 정보를 미리 입수하고 문제가 될 수 있는 설비만 가동을 일시 중지하는 기업과 다를 바가 없다.

불신의 벽이 쌓이면 미세먼지도 줄어들지 않는다. "한국의 미세먼지가 중국의 영향을 받았다는 어떤 근거도 없다"고 논평을 내는 것보다 지방정부에 맡겼던 데이터 수집과 산출을 국가 통계국이 직접 관리하겠다는 의지를 먼저 밝히는 것이 순서가 아닐까? 중앙정부의 간섭을 강화해 지방정부의 통계 조작을 뿌리 뽑겠다는 의지가 더 중요하니까 말이다.

이런 가운데 한국의 가전제품 해외직구 사이트에서는 미세먼지 관련 제품이 불티나게 팔리고 있다는 보도가 있었다. 중국산 샤오미 제품이 단연 1위였단다. 병 주고 약까지 파는 중국이다.

# 위챗을 보고
# 중국을 읽는다

# 아직도 카톡을 하십니까?

"얼마나 바쁘면 카톡도 안 보냐?"고 닦달하는 한국 지인이 많다. 실은 바빠서가 아니라 중국 정부가 인터넷 검열 시스템인 '만리방화벽'*을 구축해서 카카오톡의 발을 묶어 놓은 탓이다. 특히 사드사태 때는 사진이나 동영상은 말할 것도 없고 간단한 문자 송수신조차 불가능할 정도였다. 요즘도 교민들은 한국과의 소통을 위해서 하는 수 없이 VPN이라는 인터넷 우회 접속 프로그램을 설치해서 카톡을 이용하지만 사용료에 비해 성능은 시원치 않다. (중국 정부는 해외 사이트나 SNS 등은 차단하면서 통신사 대리점에서 VPN과 같은 불법 우회 접속 프로그램을 판매하는 것은 묵인하고 있다. 향후 이런 불법 프로그램 판매자뿐만 아니라 이용자까지 처벌 대

---

\* 만리장성과 컴퓨터 방화벽을 합성한 용어로 중국의 인터넷 감시·검열 시스템을 가리킨다. 외부로부터 사회주의 체제의 안정을 해치는 불순한 정보를 차단하는 데 목적이 있다. 이 시스템으로 인해 중국에서는 해외의 많은 사이트 접속을 차단하고 있다. 과도한 인터넷 통제라는 비판을 받고 있지만 중국 정부는 꿈적도 하지 않는다.

상을 확대할 것이라는 소식도 들린다.)

위챗은 중국의 대표적인 ICT기업인 텐센트(Tencent)에서 운영하는 모바일 메신저다. 10억 명 이상이 가입되어 있는 중국의 국민 메신저다. 위챗이 탄생한 것은 2011년인데, 내가 사용한 것은 5, 6년 된 것 같다. 그 당시에는 한국 휴대폰이 세계 최고인 줄 알았고 카카오톡은 아무도 흉내 낼 수 없는 ICT 선진국 한국에서만 가능한 '신의 선물' 정도로 생각했다. 그때만 해도 외주 공장이나 협력 업체와의 소통 수단은 이메일이었고 급히 확인할 사항은 사진을 찍어서 문자로 소통했다. 그런데 외주 공장에 관련된 품질이나 현황 등에 관한 정보를 공유하기 위해 출장 가는 직원이 필수적으로 갖고 다녔던 노트북이 어느 날부터 사라지기 시작했다. 어느새 중국인 직원은 위챗에 단체 방을 만들어서 자기들끼리 여러 외주 공장에 관한 정보를 공유하고 있었다. 위챗의 존재 자체를 애써 무시했던 일부 한국인 간부는 정보로부터 소외된다는 느낌까지 들었다. 애국심(?) 강한 한국인 직원도 정보 공유를 위해서는 하는 수 없이 위챗으로 갈아타야 했다.

중국어는 말보다 글자 표기가 더 어렵다. 중국어는 뜻글자이기 때문에 상호 간에 채팅을 하기에는 부적합하다. 한글은 그냥 자음과 모음을 입력하면 글자가 되지만, 중국어는 우선 전하고자 하는 글자의 병음(중국어를 소리 나는 대로 표기한 알파벳 기호)을 알아야 한다. 해당 글자의 병음을 키보드에 입력하면 성조가 같거나 유사한 병음을 가진 중국어 글자나 단어가 화면에 나타나고 사용자는 제시된 글자 중에서 선택하여 입력하는 방식이기 때문이다. 같은 내용을 전달하는 데도 중국어는 한

글에 비하면 사실상 두 배 정도의 수고가 필요하다. 중국인이 한글을 부러워하는 이유 중 하나이기도 하다.

초고속 인터넷 속에 살던 한국인에게 이 같은 중국어 입력 방식은 여간 불편한 게 아니다. 유사한 병음을 가진 한자어가 너무 많기 때문에 중국인도 헷갈리기는 마찬가지다. 위챗은 중국어 병음 표기에 불편함을 겪고 있는 중국인을 위해서 '음성 메시지 송수신 기능'을 개발했다. 이런 기능은 굳이 어려운 병음 입력, 한자어 선택 등의 과정을 거치지 않아도 전하고자 하는 내용을 음성 메시지로 보낼 수 있기 때문에 선풍적인 인기를 누리게 됐다. '음성 메시지 송수신 기능'은 애당초 중국인을 위해 개발한 것이지만 결과적으로 중국어 표기가 서툰 외국인을 위한 기능 같았다.

그 외에 실수로 잘못 보낸 메시지를 취소할 수 있는 기능은 중국어에 서툰 한국인에게 안성맞춤이다. 메시지를 발송한 뒤 2분 안에 취소하면 상대방 대화창에서도 내가 보낸 메시지가 삭제된다. 위챗에서는 그룹별로 전화회의도 가능하다. 요즘 직장인들은 영상통화는 물론 일반전화까지 위챗을 이용한다. 일반전화에 비교해도 통화 음질이 떨어지지 않고 국제전화도 무료이기 때문에 더욱 그렇다.

다양한 편의성을 앞세운 위챗은 중국에 거주하는 교민들의 필수품이 되었다. 그러다 보니 요즘은 한국에서도 중국과 관련 있는 일을 하는 사람 중에는 위챗을 이용하는 사람이 많다. 이제는 나도 모르게 주변 사람들에게 아는 체를 한다.

"아직도 카톡 하십니까? 중국에 왔으면 위챗 하셔야죠!"

# 모방으로 시작해서
# 혁신으로 갈무리

미국의 최장수 비즈니스 잡지인 〈포춘(Fortune)〉은 매년 세계 500대 기업을 선정 발표한다. 중국 기업은 1997년 3개에서 2017년 109개로 급성장했다. 2017년 500대 기업에 처음으로 등재된 텐센트는 2018년에는 332위를 기록했다. 하지만 수익률만 놓고 볼 때 32위, 시가총액 기준으로는 10위권까지 순위가 치솟았다.

중국 기업은 어떻게 단숨에 세계적 기업으로 성장할 수 있었을까? 위챗을 보면 그들이 걸어온 길을 추측할 수 있다. 위챗을 운영하는 텐센트는 1998년 이스라엘의 한 스타트업이 개발한 ICQ를 모방해서 탄생한 기업이다. 그 후 텐센트는 ICQ를 인수한 미국의 AOL에게 저작권침해 소송에서 패소하여 거액의 손해배상금을 지급하기도 했다. 이를 계기로 텐센트는 QQ라는 독자적인 메신저를 개발하여 재도전에 나섰다.

텐센트의 '패스트 팔로워' 전략은 계속됐다. 한국의 국민 메신저인 카카오톡을 모방한 것이 대표적인 예다. 2011년 위챗을 처음 선보인 텐센트는 이듬해 720억 원을 투자해서 한국 카카오의 2대 주주로 올라섰다. 시간과 노력을 투자할 필요도 없이 텐센트는 카카오의 메신저 관련 기술과 운영 노하우를 위챗에 그대로 적용할 수 있었다. 거기다가 앞서 언급한 대로 카카오톡에 없는 '음성 메시지 보내기 기능' 등 몇 가지 기능을 위챗에 추가함으로써 폭발적인 인기를 누리게 됐다.

이를 계기로 중국의 국민 메신저로 등극한 위챗은 여기서 그치지 않고 QR코드 사용을 일반화함으로써 사실상 중국인의 필수품이 되었다. QR코드는 중국 사회 전체를 변화시키고 있다. 요즘 중국에서는 명함을 주고받는 장면을 찾아보기 힘들다. 너나없이 처음 만난 사람끼리는 스마트폰의 QR코드를 스캔해 위챗 친구로 등록하면 연락처가 자동으로 저장된다. 그뿐만이 아니다. QR코드는 중국 사회를 현금 없는 사회로 만들어 가고 있다. 편의점에서 물건을 살 때도 택시 요금을 낼 때도 현금을 지불하는 경우가 점점 드물어진다. 중국에서는 거지도 QR코드로 구걸한다는 얘기가 들릴 정도로 모바일 결제가 일상화되었다.

중국에서 위챗이라는 플랫폼에 QR코드를 합쳐서 각종 구매 활동이나 금융 활동까지 가능하게 된 데는 역설적으로 중국의 부족한 금융 인프라가 한몫했다고 한다. 중국은 본격적인 신용카드 사회를 겪지 않았다. 내륙으로 갈수록 은행의 현금자동지급기가 부족했고 개별 상점 등에 결제 단말기 보급이 부족해 신용카드를 사용할 수 있는 인프라 구축이 늦어졌다. 이런 상황에서 중국 전역에 신용카드 사용을 위해 시스템을 새로 구축하는 것은 엄청난 시간과 자본이 필요했다. 이를 단숨에 해결할 묘책이 모바일 결제 시스템이었던 것이다.

여기에 더해 텐센트 같은 신생 기업이 하루아침에 국민 기업으로 성장할 수 있었던 것은 중국 정부의 '천인계획'*의 역할이 컸다. 이 정책에는 해외 선진 기술 문명을 몸소 체득한 중국의 해외 유학파 인재를 유치해 국가 경쟁력을 선진국 수준으로 끌어올리겠다는 구상이 담겨 있다. 이제 10년을 넘긴 이 천인계획으로 유학파 인재의 유턴 현상이 뚜렷해지고 있다.

중국 정부의 인재 영입 정책은 지금도 계속되고 있다. 2017년 3월에 텐센트가 자사의 인공지능 랩 수석 책임자로 영입한 장퉁 같은 경우가 좋은 예다. 그는 AI 관련 특허 60개를 보유하고 있으며 IBM, 야후, 바이두 등 글로벌 기업에서 AI와 빅데이터를 연구한 이 분야 최고 권위자다. 천인계획은 텐센트 같은 신생 기업이 위챗을 국민 메신저로 키우는 교두보가 되었다. 지금도 많은 유학파 인재가 선전이나 베이징 어딘가에서 내일의 위챗을 만들기 위한 꿈을 키워 가고 있을 것이다.

중국에서는 이런 공식이 성립한다. 모방으로 시작한 스타트업 기업이 탄생한다. 보이지 않는 손, 정부가 뒤에서 경쟁 기업의 손발을 묶는다. 상상을 초월하는 연봉을 주고 고급 인재를 스카우트하고, 필요하다면 M&A를 통해서 단숨에 고급 기술을 확보한다. 박리다매로 경쟁 기업을 무너뜨린다. 넓은 내수시장에서 맷집을 키우며 대륙을 통일한다. 세

---

\* 2008년 12월 중국 공산당 중앙판공청이 발표한 국가 주도 '해외 고급 인재 유치 계획'이다. 중국은 지금까지 바이오, 인공지능 등 첨단산업 분야에서 활동하고 있는 박사급 중국인 인재 6,000명 이상을 국내로 불러들였다. 2012년부터는 '만인계획'으로 확대되어 창업, 금융, ICT 정보통신, 반도체, 기초과학 분야까지 전 분야에 걸쳐서 고급 인재를 유치하는 데 공을 들이고 있다.

계시장에 진출한다. 초기에는 '베끼기'라 쓰고 '창조'라 읽는 꼴이지만 시간이 지남에 따라 무서운 포식자로 돌변한다. 그냥 '위챗의 법칙'이라 부르고 싶다. 성공할 수밖에 없는 구조다.

# '위챗'제가 치국평천하

2018년 12월, 태국인 친구의 초청으로 방콕을 방문했다. 그는 25년 전 우리 회사의 파트너 회사인 미국 회사에서 근무할 당시 만나 지금까지 인연을 이어 오고 있다. 다국적기업 아시아 지부장으로 근무하다가 얼마 전 정년퇴직한 기념으로 우리 부부를 초대한 것이다.

이번 태국 방문은 1998년, 태국이 우리와 같이 IMF 관리 체제 아래서 고통받고 있을 때, 업무 차 방콕을 방문한 이후 20년만이었다. 태국 친구의 안내로 방콕 시내를 비롯한 유명 관광지 몇 곳을 돌아보았다. 그는 태국의 정치 불안이 국가 발전의 걸림돌이라면서 불만을 토로했다. 실제로 방콕 거리는 20년 전이나 지금이나 크게 달라진 모습을 찾아볼 수 없었다. 재개발을 위해 파헤쳐진 채 방치되어 있는 빈민촌은 IMF 관리 체제하에서 흉물스러운 모습을 드러냈던 그때의 건물과 별반 다를 것이 없었다. 정치 불안과 중진국 함정이라는 덫에 걸려 있는 태국의 발전상이 안타깝게 느껴지기도 했다.

그런데 눈에 띄게 달라진 풍경이 하나 있었다. 유명 관광지마다 유커(중국인 관광객)로 넘치는 모습은 그때와는 확연히 달랐다. 태국의 대표 관광지인 파타야는 방콕에서 동남쪽으로 150킬로미터 정도 떨어진 곳에 위치해 있다. 아름다운 모래밭, 깨끗하고 따뜻한 바닷물과 더불어 연중 내내 윈드서핑, 수상스키 등 각종 해양 스포츠를 즐길 수 있는 곳이기 때문에 아시아 휴양지의 여왕이라 불릴 만큼 유명한 관광지다. 그런 파타야도 중국인 관광객 때문에 몸살을 앓고 있었다.

인산인해를 이루고 있는 유커의 고성, 중국어 호객 행위, 즐비한 중국어 간판 등으로 인해 거기가 중국인지 태국인지 헷갈릴 정도였다. 뿐만 아니라 유커는 현지인을 '바지사장'으로 내세운 중국 쇼핑몰과 식당만 이용하기 때문에 태국 경제에는 별 도움이 되지 않는다고 했다. 그들은 물품 구입은 물론 밥값까지도 위챗으로 지불한다.

더 놀라운 것은 넘치는 유커로 인해 태국 관광지가 곤욕을 치루고 있으면서도 태국 정부가 유커의 발길을 잡아끌기 위해 안간힘을 쓰고 있다는 것이다. 태국 이민청은 태국을 방문하려는 유커가 공항 도착 후 위챗을 통해서 비자를 신청하고 비자발급 수수료도 위챗페이로 지불할 수 있게 하겠다고 했다. 아무리 관광 대국 태국이라지만 이렇게까지 하면서 유커를 유치하려는 목적이 뭔지 고개가 갸우뚱해졌다.

이렇게 되면 위챗은 태국에 무혈입성하게 된다. 문제는 여기서 끝이 아니다. 씀씀이 큰 유커를 유치하기 위해 경쟁을 벌이고 있는 베트남, 필리핀, 인도네시아 등도 태국을 따라 할 공산이 크다. 5억 명의 동남아 시장이 이제 막 중국을 점령한 위챗의 천국이 될 것이 불을 보듯 뻔하다.

태국 젊은이들도 가성비 높은 중국 휴대폰 화웨이, 샤오미, 오포, 비보 등을 선호한다고 한다. 나를 초대한 태국인 친구도 늘 한국산 차에 한국 브랜드 휴대폰을 지니고 다녔지만 얼마 전에 차는 일본산으로, 휴대폰은 화웨이로 교체했다고 했다. 그는 자신도 이미 중국산 휴대폰에 탑재된 위챗을 이용한 소비문화에 길들여져 가고 있음을 부인하지 않았다.

중국 앱의 약진은 여기가 끝이 아니다. 특히 인도 시장에서 중국 앱이 미국 앱을 몰아내고 있다는 보도가 있었다. 가입자 10억 명을 돌파한 '더우인'이 페이스북, 인스타그램, 유튜브 등을 인도시장에서 몰아낼 태세란다. 동남아를 접수한 중국 ICT 기업이 인도에 상륙한 것이다.

더우인은 2017년 중국의 바이트댄스가 서비스를 시작한 소셜미디어 앱으로, 15초의 짧은 동영상을 공유하는 플랫폼이다. 더우인은 편집하기 쉽고 여러 특수 효과와 배경음악도 손쉽게 삽입할 수 있는 등 다양한 기능으로 젊은 소비자들을 한순간에 매료시켰다. 인도인 수억 명이 미국의 트위터나 페이스북은 재미가 없다며 중국 기업이 만든 앱에 빠져들고 있다고 한다.

최근 인도에도 값싼 중국산 스마트폰이 도입되면서 앱 시장이 급속하게 팽창하고 있다. 이미 거대 중국 시장에서 노하우를 터득한 중국의 ICT 기업은 인도 시장에서 땅 짚고 헤엄치는 일만 남은 듯하다. 위챗과 더우인, 그들이 세상을 향해 날갯짓하는 모습은 서로 닮았다. 중국을 통일하고 동남아를 넘어, 인도까지 접수하려는 중국 ICT 기업의 위세가 두렵기까지 하다. "중국에서 1등 하면 자동으로 세계에서 1등"이 되는 시대가 부쩍 다가온 느낌이다.

# 위챗의 법칙,
# 그 불편한 진실

2007년 『메이드 인 차이나 없이 살아보기(A Year Without 'Made in China')』란 책이 출판돼 화제를 모았다. 이어서 같은 제목으로 TV 프로그램이 방영되면서 신선한 충격을 던지기도 했다. 자신도 모르게 주변을 점령해버린 중국산에 대한 경각심을 일깨워준 프로그램이었다. 직장이나 가정에서 사용하는 생활용품은 굳이 따져 볼 필요도 없었다. 많은 사람들이 한국산 없인 살아도 중국산 없으면 못 사는 시대라는 것을 그때 알아차렸다.

십 수년이 지난 지금, 중국산 주방기구를 이용해서 중국에서 수입된 식품으로 조리를 해도 낯설지 않다. 아이들은 중국산 장난감을 가지고 놀다가 지치면 중국산 TV를 보게 된다. 옷과 신발, 사무 용품까지 거의 모든 생필품을 중국산으로 도배해도 이제는 거부감이 없고 오히려 친숙하고 자연스러울 정도가 됐다.

베트남 정부는 2018년 6월 알리페이와 위챗페이의 사용을 금지하기도 했다. 유명 관광지인 하롱 시에서 20만 위안(3,400여만 원)이 결제됐음에도 베트남의 현지 금융기관을 전혀 거치지 않은 사실이 적발됐기 때문이라고 한다. 베트남뿐 아니다. 2016년에는 태국에서도 비슷한 탈세가 사회문제화된 적이 있었다. 당시 태국 정부는 중국인들이 QR코드 결제 시스템을 이용해 한 해 수천만 달러의 세금을 내지 않고 있다는 걸 알아차렸다. 하지만 중국인 관광객이 줄 것을 우려해 여행사를 처벌하는 선에서 문제를 마무리했다고 한다.

2018년 12월에 국내 언론에 보도된 내용이다. 이 기사를 유심히 보면 향후 발생될 문제를 유추할 수 있다. 수많은 유커가 핸드폰 하나만 들고 해외여행에 나선다. 유커가 주로 찾는 각국의 상점에는 거의 모두가 중국어로 된 간판이나 안내문을 내걸고 있다. 이 상점에서는 알리페이와 위챗페이 같은 중국의 QR코드 결제 시스템이 사용 가능함을 알리는 광고다. 이런 결제 시스템을 설치하지 않고서는 유커를 상대로 장사를 할 수가 없다.

그런데 만약 중국 기업이 결제용 단말기를 중국에서 가져와서 해당국의 지점이나 대리점 등에 설치해 놓으면 심각한 문제가 생길 수 있다. 중국에서 자금 결제가 이루어질 수 있기 때문이다. 이럴 경우 해당국의 조세, 금융 당국은 정확한 매출 규모를 파악할 수가 없다. 세금 포탈의 위험성을 내포하고 있다는 얘기다. 앞에서 소개한 기사는 이런 상황에 대한 경고인 셈이다. 이런 문제가 있음을 알면서도 동남아를 비롯한 세계 수많은 국가에서 유커를 끌어들이기 위해 경쟁적으로 중국의 QR코드 결제 시스템을 수용하고 있다. 씀씀이 큰 유커를 유치하기 위한 고육지책인 것이다.

문제는 지금과 같은 속도라면 중국의 QR코드 결제 시스템이 단순히 유커를 상대하는 상점에만 설치되는 것이 아니라는 데 있다. 이 분야에 인프라가 취약한 국가일수록 중국산 휴대폰에 중국의 QR코드 결제 시스템이 쉽게 정착하게 될 것이다. 만일 중국의 QR코드 결제 시스템이 특정 국가의 금융 시스템마저 장악해 간다면 이는 곧 자본 유출을 넘어 사생활 침해까지 야기할 수 있다. 다시 말해서 소비자들의 금융 활동과 관련된 개인정보가 시스템에 저장되고 너무 쉽게 노출된다. 이렇게 될 경우 과거 십 수년 전에 '메이드 인 차이나 없이 살아보기'가 처음 등장했을 때보다 더 큰 후폭풍을 맞게 될 것이다. 중국산 생활용품은 한두 가지가 없어도 잠시 불편할 따름이지만 한 나라의 결제 시스템이 말썽을 일으키는 것은 차원이 다른 문제이기 때문이다.

최근의 한 언론 보도에 따르면 남아프리카공화국에 '중국산 아님(it's not made in China)'이란 생수 브랜드가 등장했다고 한다. 이 생수 제품을 만드는 회사는 'www.itsnotmadeinchina.co.za'를 인터넷 주소로 쓰고 있다고 한다. 이 사이트에선 '중국산 아님'을 상표로 쓰는 이유에 대해 아래와 같은 설명을 하고 있단다.

우리는 남과 다른 신토불이 상품을 만들고 싶다. 왜냐하면 우리가 사용하는 거의 모든 물건에 '중국 제조'가 찍혀 있다. 그래서 우리는 우리가 만든 상품을 '중국 제조가 아니다'라고 이름 붙이면 다른 제품과 차별화할 수 있다고 생각한다.

'메이드인차이나'의 위력을 실감하게 하는 메시지다. 비슷한 시기에 세계시장에서 점유율 1위인 중국산 제품은 1,720개(한국산 제품은 77개)였다고 한다. 어느새 중국산 제품이 세계시장을 점령해 버렸다. 거기다가 위챗페이, 알리페이 같은 중국산 결제 시스템까지 영토를 넓혀 갈 경우 단순히 중국산 품목 하나가 시장점유율 1위에 추가되는 것 이상의 불편한 진실과 마주하게 될 것이다.

CHINA BUSINESS INSIGHT

# PART 2

## 살아남은 자가 강한 자

# 지름길은 아무도
# 알려 주지 않는다

# 중국 생활 10년,
## 그때까지도 왕초보


"20년 동안 중국에 살았으면 김 사장님 중국어 실력은 네이티브 수준이겠습니다."

이런 말을 들을 때가 종종 있지만 그때마다 나는 그냥 얼버무리고 만다. 가끔 강연장에서 소개를 받을 때는 "현지 전문가이며, 유창한 중국어……"라는 수식어가 따라붙는데, 그때도 고개를 숙이고 그냥 넘어간다. 수강생 중에는 나보다 훨씬 유창한 중국어 전공자도 많기 때문이다. 왜 중국어 실력이 10년 전이나 지금이나 별반 달라지지 않을까? 매일 반복되는 일상생활을 들여다보면 그 이유를 짐작할 수 있다.

아침에 출근을 한다. 눈이 마주치지 않으면 인사조차 하지 않는 중국인 직원들 옆을 지나 사무실로 들어간다. 밤새 오고 간 이메일을 체크한다. 고객으로부터 전달된 영어 이메일, 본사로부터 받은 한국어 이메일, 중국어로 된 사내 보고서 등에는 하나같이 낯선 용어가 별로 없다. 늘 사용하는 비슷한 업무용 단어로 구성되어 있기 때문이다. 간혹 생소한 단어가 있지만 눈치로 내용을 파악할 수 있는 수준이다.

잠시 후, 회의실에서 간부 회의가 열린다. 중국인 직원들과 한국인 직원들이 함께 하는 회의지만 공용어는 중국어다. 회의 내용은 반복되는 일상에 관한 것이기 때문에 회의 내용을 이해하지 못하는 한국인 직원은 없다.

한국인 직원들이 적당한 수준의 중국어로 의사 표시를 하면 중국인 직원들은 상대가 무엇을 말하고 싶어 하는지 단번에 알아차린다. 10년 넘게 함께 일한 중국인 직원들은 한국인 직원들의 언어 습관이나 생각까지 꿰뚫고 있다.

이 정도만 되면 한국인 직원들은 자신의 중국어 실력이 어느 정도 수준에 도달한 것으로 착각하고 산다. 고급 중국어가 필요 없는 것이다. 중국어 실력이 느는 것이 아니라 눈치가 느는 것이다.

자신감을 얻은 한국인 직원이 혼자서 시내에 있는 식당에 가더라도 의사소통에 전혀 문제가 없다. 메뉴판에는 이런 사람들을 위해서 친절하게 사진까지 붙여 놓았다. 이것저것 몇 마디 덧붙이면 종업원들과의 소통에는 전혀 문제가 없다. 한국인이 구사하는 다양한 억양의 중국어를 접해본 종업원들은 적어도 소통 면에서는 회사 내 중국인들보다 더 똑똑하다.

어쩌다 골프장에 가면 캐디의 의사소통 수준이 보통이 아니다. "잠깐만요, 오른쪽 높아요, 왼쪽 내리막, 똑바로, 오케이, 사장님 먼저, 몰라요, 아깝다, 물에 퐁당……" 이 정도 수준의 한국어 단어를 구사하는 캐디를 만나면 의사소통에는 전혀 문제가 없다.

이런 수준의 직원에게 한국에서 온 본사 직원이나 지인의 안내를 맡기면 손님들은 이 직원의 중국어 실력에 감탄을 한다. 평소에 가던 곳만 가기 때문에 의사소통에 전혀 문제가 없는 것이다.

보통 직원들이 중국에 첫발을 내딛은 후 2년 정도가 지나면 이 정도 수준에 이른다. 많은 주재원들의 중국어 실력은 구어체 수준을 벗어나지 못하고 이 정도에서 멈추고 만다. 생활하는 데 큰 불편이 없기 때문이다. 특히 학교에서부터 중국어를 전공하지 않은 사람들은 실제로 기초가 부족하기 때문에 더 이상 성장하기도 어렵다. 글자를 배우지 않고 우선 필요한 말만 익히기 때문이다.

중국 진출 초기에는 인터넷도 없었고 한국 방송을 접하기도 쉽지 않았다. 발행 날짜를 며칠 지나서 도착하는 한국 신문이 유일한 정보원이었다. 1994년 미국 월드컵 때는 경기 결과를 중국 신문으로 접했다. 월드컵 참가국명의 중국어 표기법을 그때 알았다. 1998년 프랑스 월드컵 때는 중국 방송을 통해서 한국 팀을 응원했다. 화면만 보고 고함을 지르다 보니까 중국어 축구 용어 몇 개쯤은 귀에 들어왔다. 글자를 모르고 내용을 알아듣지 못했어도 중국어 실력이 눈에 띄게 늘었다. 2002년 월드컵 축구 중계는 한국 TV로 보았다. 생활환경에 관한 한 천지개벽 수준의 발전이었다.

하지만 그날 이후로 축구에 관련된 중국어 용어는 한 번도 접해본 적이 없다.

지금은 어떤가? 낯선 식당에 가면 휴대폰에 저장된 별도 메뉴판을 내밀면 만사형통이다. 낯선 곳으로부터 전화가 걸려 오면 옆에 있는 중국인 직원에게 전화기를 넘기면 된다. 몸이 불편해서 혼자서 병원에 갈 때는 다소 불편해도 휴대폰에 설치된 통역 프로그램을 내밀면 해결된다. 휴대폰 하나면 원하는 정보를 얻을 수 있다. 한국 방송을 보고 한국 슈퍼에서 무엇이든 구할 수 있다. 생활 무대만 중국으로 옮겼을 뿐 하루 종일 중국어 한마디 안 하고도 살아갈 수 있는 곳이 지금의 중국(대도시)이다.

외국어 학습의 종착역은 문화의 차이를 극복하는 것이다. 그러기 위해서는 현지인들과 접촉해야 하고 정보 습득 또한 그들 틈에서 이루어져야 한다. 또한 불편을 느껴야 문화의 차이를 이해하게 된다. 지금 중국에서는 과거에 비하면 부족함이 전혀 없다. 중국에 살면서도 한국에서보다 중국을 더 모르는 경우가 많다. 중국 속에서 한국 것만 찾고 편리함만 쫓다 보니 솔직히 중국어 실력이 늘 틈이 없는 것이다.

정체된 것은 중국어 실력만이 아니다. 부족한 전력을 보충하기 위해서 설치한 자가발전기 옆에서 발을 동동 구르던 때는 전기의 소중함도 알았다. 본사에서 보낸 라면 한 박스를 찾기 위해 컨테이너를 뒤지던 날은 한국 음식의 귀중함도 알았다. 그때는 '궁하면 통한다'는 말도 즐겨 사용했다. 도전 정신, 헝그리 정신이 생존의 밑천이었다. 언제부터인지 풍족한 세상에 살면서 초심을 잃어버렸다는 생각을 지울 수가 없다.

가끔 되돌아본다. 우리는 중국 기업이 우리의 턱밑까지 쫓아오는 동안 현실에 안주하지는 않았던가? 배고픔은 참아도 배 아픈 것은 못 참는다는 중국 사람들에게 우리의 노하우는 물론 열정까지 줘버린 것은 아닐까? 우리들끼리 카르텔을 형성하고 그들의 문화를 이해하려는 노력조차 안 했던 것은 아닐까? 그래서 우리의 성장판이 닫혀버린 것은 아닐까? 중국의 사드 반대가 없었더라면 무슨 핑계로 중국에서 철수해야 할까?

# 왕관을 쓰려는 자,
# 그 무게를 견뎌야 한다

역대 정부에서 중국 대사를 임명할 때마다 비슷한 문제로 논란이 일었다. 중국 대사로 지명된 사람이 중국어를 못한다는 것이다. 1992년에 정식으로 국교를 맺었으니, 한국과 중국이 본격적인 인적 교류를 시작한 지는 아직 30년이 안 된다. 중국 유학파들이 본격적으로 외교 무대에 등장해서 인력 풀을 채우기에는 시기상조라는 얘기다. 신임 대사가 임명될 때마다 야당이나 언론에서 기계적으로 쏟아내는 비판도 이제는 격을 높여야 하지 않을까?

궁색하기는 청와대도 마찬가지다. "교환교수로 6개월 중국을 다녀왔기 때문에 중국통이다", "국회외통위에서 활동하면서 풍부한 경험을 쌓았다" 같은 대응이 패턴이 되었다. 모름지기 대사라는 자리는 최고 통수권자의 의중을 잘 파악하고 상대국과 적극적으로 소통하려는 열정을 지녔는가 하는 점이 가장 중요하지 않을까? 다시 말하면 국익을 위해서 얼마나 헌신할 수 있는가가 첫 번째 덕목이 되어야 한다. 거기다가 '교민들의 신변 보호를 위해서 상대국 외교 담당을 적극적으로 설득할 열정을 지닌 분'이라는 논평이 나왔더라면 적어도 해외에 거주하는 교민들로부터는 호응을 얻을 수 있었을 것이다.

이런 관점에서 보면 중국에 진출한 기업의 주재원이나 법인장도 외교관과 크게 다르지 않다. 회사에 싹싹하기로 소문난 조선족 교포가 한 명 있었다. 다른 교포 직원들보다 한국어를 잘해서 중국 근무 경험이 부족한 한국인 직원들이 좋아했다. 회사에는 정전기로 인한 작은 화재가 종종 발생하는 공정이 있다. 평소 화재 발생 위험지구로 분류해서 방화문은 물론이고 스프링클러까지 설치되어 있는 작업장이다. 특히 건조한 봄가을에는 정전기 발생이 빈번해 긴장을 늦출 수 없다.

어느 해 봄, 또다시 작은 화재가 발생했다. 때마침 그곳을 지나가던 그 교포는 공장장을 부르고 사장인 나를 찾아서 온 공장을 헤매고 다녔다. 그는 화재 발생에 대한 내용을 상부에 보고만 하면 자기 임무가 끝난 것으로 생각한 것이다. 그 이후에도 자기가 아니었으면 큰일 날 뻔했다고 자랑하고 다녔다. 이에 반해서 직급이 낮았던 반장은 몸을 던져서 소화기와 소방호수로 초기 화재를 간단히 진압했다. 그 일 이후 최고 책임자의 신임은 말은 서툴지만 어려운 상황에서도 책임을 다하는 반장에게 기울었다.

국내에서는 회사 내의 조직이나 시스템이 유기적으로 작동하기 때문에 개인의 장단점이 잘 드러나지 않는다. 그러나 외국에서는 다르다. 제품의 품질 문제부터 인력 관리, 환경, 안전 등 사건 사고가 끊이질 않는다. 원칙대로 처리되지 않는 일도 부지기수고, 문화의 차이에서 오는 갈

등도 수없이 많다. 그럴 때마다 주재원은 의견 조정을 위한 정무적 감각도 발휘해야 한다. 소위 말하는 '북 치고 장구 치고'는 주재원의 기본업무인 셈이다.

아무리 유창한 외국어 구사 능력을 갖고 있다 할지라도 회사에 대한 충성도가 낮으면 그 사람에게는 큰일을 맡길 수 없다. 외국어는 외국에서 근무를 하기 위한 수단에 불과하다. 자기가 맡은 일을 해결하고자 하는 의지나 열정이 최우선이어야 한다. 입은 빌리면 되지만 열정은 차용이 불가능하기 때문이다. 열정은 주인의식에서 나온다. 책임자가 주인의식이 없거나 주인의식을 알아주지 않는 회사에서는 해외 사업장 책임자가 장수할 수 없다. 그런 성향의 직원을 찾아내고 양성하는 것이 회사와 경영자의 몫이다.

중국에 오랫동안 살면서 남을 속인 적이 있다고 얘기하는 사람은 만나지도, 들어 보지도 못했다. 그런데 속은 사람은 부지기수다. 왜 그럴까? 문화의 차이에서 오는 현상이다. 회사의 최고 책임자가 중국인 관리자와 한국인 관리자에게 중국어로 동일한 지시를 내렸다고 하자. 두 명 모두 책임자 앞에서 '알겠다'고 대답한다. 한국인 관리자는 평소에 책임자의 지시 습관을 잘 안다. 그래서 알았다는 그의 대답 속에는 '그 문제를 해결하겠다'는 의지가 담겨 있다. 그러나 중국인 관리자의 답변은 단순히 '그 지시 사항을 알아들었다'는 의미일 수도 있다.

물론 책임자의 중국어 실력이 부족해서 중국인 관리자의 이해가 부족했을 수도 있다. 그렇다면 다시 되물으면 된다. 하지만 중국인 직원 중 상당수는 고개를 끄덕이면서도 체면 때문에 다시 되묻지 않고 그냥 알겠다고 답하는 경우가 많다. 책임자는 중국인과의 문화적 차이와 대화법을 알고 "그 문제를 해결하고 보고하라"고 분명하게 말해야 한다.

이런 일이 내부 직원 사이에서 발생할 경우는 그나마 다행이다. 큰 계약을 앞둔 상황에서 거래처와 이런 상황이 발생하게 되면 난처하다. 환경 시설 교체 문제로 정부 당국과 협의를 했다고 가정하자. 책임자가 지금은 상황이 어려워 교체하기 곤란하니 여건이 되는 대로 교체하겠다고 말했을 때, 담당 공무원이 "좋다", "알았다"고 대답하면 책임자는 "동의한다"로 해석할 수 있다. 하지만 이때 공무원의 의중은 당신의 어려운 여건을 이해했다는 정도로 해석해야 한다. 나중에 교체 지연으로 인한 페널티를 받게 되어도 따질 수가 없다. "그때 분명 설치 연기에 동의해 놓고 왜 지금 와서 딴소리냐"고 혈압 올려 봐야 본인만 손해다.

오랫동안 중국 생활을 한 책임자라면 늘 경험하는 일이다. 능력의 차이가 아니라 문화의 차이에서 오는 해프닝이다. 현지 문화에 대한 이해도가 낮으면 99퍼센트가 현지인으로 구성된 회사를 융화시킬 수가 없다. 같은 한자 문화권이라고 우리와 비슷한 생각을 갖고 있을 것이라는 생각은 큰 오산이다.

사소한 문화의 차이에서 오는 오해에서 불신이 싹트기 때문에 리더라면 의당 현지인의 마음을 움직이는 문화의 힘을 알아야 한다. 그 지역의 문화를 아는 사람이 진정한 지역 전문가인 셈이다. 그러기 위해서는 그들의 역사나 전통, 습관까지도 꿰뚫고 있어야 한다. "왕관을 쓰려는 자, 그 무게를 견뎌야 한다"는 말이 그냥 생긴 것이 아니다.

# 경기에서 승리하는 감독의
## 1퍼센트

아들과 나는 유독 닮은 것이 하나 있다. 스포츠를 좋아한다는 점이다. 1974년 7월, 홍수환 선수가 남아프리카공화국에서 아널드 테일러에게 15회 판정승하여 WBA 밴텀급 챔피언 타이틀을 획득하던 날, 당시 중학생이었던 나는 15리 길을 걸어 통학을 해야 했지만 지각을 불사하고 라디오 중계방송을 들었다. "엄마, 나 챔피언 먹었어!" "그래 수환아, 대한국민 만세다!" 라디오를 통해 모자 간의 대화를 듣던 순간의 희열이 아직도 내 가슴 속에 남아 있다.

그해 가을에는 테헤란 아시안게임 중계방송을 놓치지 않으려고 새벽까지 라디오를 끼고 살았다. 조오련 선수가 수영에서 금메달을 목에 건 순간도 마치 현장에서 직접 본 것처럼 선명하게 기억에 남아 있다. 처음 참가한 중국, 북한과 경기를 할 때는 스포츠가 아니라 전쟁이었다. 라디오에서 흘러나오는 응원가가 군가인지도 모르고 따라 불렀던 기억이 새롭다.

아들도 어릴 때부터 스포츠를 좋아했다. 유치원 시절에는 중국 팀 축구 경기를 보고 '쟈유(파이팅이라는 뜻의 중국어)'를 외치곤 했다. 대학 입시를 앞두고 있을 때도 프리미어 리그 축구 소식을 놓치지 않았다. 지금도 유럽 5대 리그에 등록된 어지간한 축구 선수에 대해서는 검색이 필요 없을 정도로 신상명세를 꿰고 있다.

아들과 내가 스포츠에 대해 이야기를 나눌 때면 거의 아들이 좋아하는 앨릭스 퍼거슨(잉글랜드 프리미어 리그, 맨체스터 유나이티드 FC 전 감독)의 말로 끝을 맺는다.

"승리의 99퍼센트는 선수가, 1퍼센트는 감독이 만든다. 하지만 1퍼센트가 부족하면 100퍼센트가 될 수 없기 때문에 승리는 불가능하다."

축구장에서 뛰는 건 선수지만, 선수를 더 잘 뛰게 만드는 건 감독이다. 연봉에 맞춰서, 시간에 쫓겨서 검증되지 않은 적당한 수준의 외국인 감독을 데려오면 계약 기간을 채우기는커녕 중요한 경기를 앞두고 감독을 교체하는 불상사가 생기기도 한다. 당장 눈앞의 성과에 연연하는 감독은 간단한 평가전에도 목을 매야 하고 결과가 좋지 않으면 축구협회가 미주알고주알 관여하게 된다. 한국 축구가 대표 팀 감독을 선임하는 과정에서 이런 일이 여러 번 반복되었다. 과정이 허술하다 보니 결과는 뻔했다.

이에 반해 전권을 위임 받아서 자기 나름의 전술적 계획과 창의성을 바탕으로 꾸준히 팀 전술을 가다듬은 감독은 성공할 수 있었다. 그런 의미에서 2002년 한일 월드컵을 치룬 휘스 히딩크 감독은 능력 여부를 떠나 행운아였다. 공동 개최국 일본에 뒤떨어질까봐 전폭적인 지원이 뒤따랐다. 선임 과정도 투명했고 그의 전술과 지도 방법에 아무도 관여하지 않았다. 그 결과 우리 세대에서는 다시 보기 힘든 4강 진출이란 기적을 이루었다.

국내 리그에서 펄펄 날던 선수도 가슴에 태극 마크만 달면 작아지는 경우가 있다. 반면에 K리그에서 거들떠보지도 않은 선수가 일본 J2 리그에서 데뷔하고 네덜란드를 거쳐 영국 프리미어 리그에서 명성을 떨친 경우도 있다. 이를 두고 축구 팬들은 "선수는 국내용과 국제용이 있다"고 말한다. 능력의 차이가 아니라 개성의 차이라고 볼 수 있다.

회사 직원도 마찬가지다. 자칭 '국내에서 펄펄 날았다'던 사람도 해외 발령을 받는 순간 새가슴이 되어 가슴 졸이다가 어느 날 갑자기 귀국행 비행기에 몸을 싣는 경우를 무수히 보았다. 이에 반해 처음에는 잠시 머물다가 갈 것처럼 굴던 사람이 아이들의 상급 학교 진학 문제를 걱정하며 5년 넘게 근무하는 경우도 있다. 이런 직원은 조직 내에서도 능력을 인정받을뿐더러 이미 중국 전문가의 길에 접어든 경우다.

이렇게 5년 이상 해외 근무를 계속하고 있는 사람은 조직 내에서 역량을 발휘하며 인정받고 있다고 할 수 있다. 그리고 이런 직원이 많을수록 그 회사는 장수하게 된다. 물론 순혈주의의 폐단이 없는 것은 아니지만 외부로부터 영입해서 자리도 잡기 전에 흔들어 버리는 것보다는 백배 천배 낫다. 해외 진출 기업의 임직원에게 가장 중요한 덕목은 주인의식이기 때문이다.

『손자병법』에서 전쟁의 승패는 장군의 지략, 상벌에 대한 신뢰, 부하에 대한 사랑, 용기, 군기의 엄격함 등 5가지에 달렸다고 했다. 이는 해외 사업장의 주재원, 특히 법인장이 반드시 갖추어야 할 덕목이다. 이런 구체적인 비전은 하루아침에 하늘에서 떨어지는 것이 아니다. 오랜 시간 내부에서 성장한 직원이 많아야 가능한 일이다.

경영자는 엄격한 기준에 의해서 해외 사업장의 책임자를 선정하고 양성해야 한다. 또 선임한 뒤에는 성공한 대표 팀 감독처럼 믿고 맡겨야 한다. 본사의 지나친 간섭은 해외 법인 책임자의 열정을 시들게 한다. 책임자 또한 홀로서기를 하려는 노력과 함께 자신의 진가를 증명해야 한다. 언제 끊어질지 모를 동아줄을 잡고 발버둥 치는 모습은 현지 직원들이 먼저 간파한다. 책임자가 탁월한 식견으로 회사의 백년대계를 위한 밑그림을 그릴 때 직원들도 마음의 문을 열고 다가온다. 기업이 위기에 처했을 때 돌파구를 마련하는 것은 외형적인 구호가 아니라 내공을 갖춘 탁월한 법인장의 역량이다.

1퍼센트의 소중함을 설파했던 앨릭스 퍼거슨 감독은 27년 동안 맨유 감독으로 재임하면서 총 38회의 우승 트로피를 들어 올렸다. 해외 법인장 역시 1퍼센트의 소중함을 채우는 영원한 현역이어야 한다.

# '주재원'이라 쓰고
# '지역 전문가'라 읽는다

한동안 연락이 끊겼던 한국의 지인으로부터 갑자기 전화가 오는 경우가 간혹 있다. 십중팔구는 자신이 중국에 왔으니 한 번 만날 수 있냐는 내용이다. 이런 전화를 받을 때마다 설명이 길어진다. 베이징에서 상하이까지 거리를 한국의 서울, 부산 간 거리 정도로 생각하는 사람이 적지 않기 때문이다. 실제로 상하이에서 베이징까지의 거리(약 1,200km)는 상하이에서 부산까지의 비행 거리(약 1,000km)보다 훨씬 멀다. 심지어는 동행자들한테 중국에 가면 지인이 있다고 자랑까지 해놓았는데 내가 단숨에 달려오지 않으니 난감하다는 하소연까지 곁들인다. 사람이 변했다는 오해를 사는 경우도 있다.

중국은 우리가 생각하는 하나의 국가가 아니다. 그냥 땅만 넓은 것이 아니라 서로 다른 언어와 전통을 지니고 있는 56개의 민족으로 구성되어 있다. 같은 한족이라도 지역에 따라서는 의사소통이 되지 않을 정도의 방언을 사용한다. 그래서 중국인들은 새로운 사람을 만나면 상대방

의 출신 지역부터 파악한다. 각 지역의 고유 관습, 전통, 언어 등이 천차
만별이기 때문에 그 지역의 특색을 알아야 앞으로의 교제 방향이나 인
간관계를 설정할 수 있기 때문이다.

실제로 기업에서 직원을 채용할 때는 지역적 특색을 고려하게 된다.
예를 들어서 계산과 숫자에 뛰어난 사람이 필요할 때는 산시(陝西)성이
나 산시(山西)성 출신을 선호한다. 원저우를 비롯한 저장성 출신의 장사
기질은 전 세계가 주목한다. (알리바바 그룹의 창업자 마윈 회장도 저장성
항저우 출신이다.) 좁은 한반도에서도 경상도와 전라도 사람들은 서로 성
향이 다르다. 하물며 한반도의 40배가 넘는 중국에서 지역별 특색은 얼
마나 차이가 나겠는가?

상하이 토박이는 다른 지역 출신자에 대한 우월감이 크다. 상하이 사
람들은 타 지역 출신 사람들을 '샹시아런(촌놈)'이라 부른다. 이 호칭에
는 자신들보다 수준이 떨어진다는 차별 의식이 포함되어 있다. 뿐만 아
니라 상하이 사람들은 여러 지역 사람들이 있는 곳에서도 중요한 말은
습관적으로 상하이 말을 쓰면서 우월감을 과시한다. 특히 베이징과는
지역감정이 센 편이다. 상하이 사람들은 '베이징 사람은 속은 텅 빈 채
우쭐대며 거들먹거린다'고 깎아내린다. 베이징 사람들은 이에 질세라
'상하이 사람은 돈에 목숨 건 듯 경박하고 인색하다'고 평가 절하한다.

지역 편견으로 가장 손해를 많이 보는 것은 허난성 출신이다. 허난성
은 산시성 시안과 함께 황하문명의 본거지였으며 고대사의 중심지였다.
특히 허난성은 삼국지의 주 무대였던 뤄양, 정저우 등과 같은 역사적인
도시가 있는 곳으로 '중원 평야' 지역이다. 그래서 허난성 사람은 역사

적 자긍심이 매우 높다. 그럼에도 불구하고 인구 1억 명에 육박하는 허난성은 아직도 중국에서 가장 가난한 지역에 속한다. 상하이, 장쑤성, 산둥성 등 연안 지역에서부터 개혁 개방이 시작됨에 따라 내륙에 자리 잡은 이 지역은 상대적으로 낙후될 수밖에 없었다.

가난 극복을 위한 탈출구로 한때는 가짜 상품을 만들어 '짝퉁' 생산 전진기지라는 오명을 쓰기도 했다. 정부의 강력한 단속으로 가짜 상품 생산도 길이 막히자 이들은 대도시로 진출한다. 그래서 허난성은 지금도 중국 최대의 농민공 공급처이기도 하다. 경제발전 과정에서 소외된 데 대한 피해의식은 이들의 결속력을 강화시켰다. TV 드라마에서 소매치기나 깡패가 사용하는 말은 허난성 방언인 경우가 많다. 실제로 허난성 출신 사람은 종종 '도둑놈'이나 '사기꾼'으로 몰리기도 한다.

10여 년 전까지만 해도 회사 내에서 출신 지역별로 집단 패싸움이 일어나기도 했다. 그때마다 허난성 출신을 당할 사람은 아무도 없었다. 좀체 갈등이 잦아들지 않자 특정 지역 출신자의 입사를 제한하기도 하고, 궁여지책으로 문제 지역 출신자를 관리자로 양성해서 그들로 하여금 일부 부서의 관리를 맡기는 역발상도 해봤다. 중국 사회의 모순을 함축적으로 보여주는 곳이 바로 허난성이다.

2007년 상하이 인근 장쑤성 쿤산 시에서 안후이성 쉬안청 시로 공장을 이전했을 때 일이다. 신설 공장의 빠른 정상화를 위해서 쿤산 공장 관리자들 중에서 30여 명을 파견할 계획이었다. 하지만 회사가 원한다고 강제로 파견할 수 없고 본인이 원한다고 무조건 보낼 수도 없었다. 적재적소라는 인사 원칙을 지키기가 어려웠다. 공장 시운전일이 다가오는데도 파견 근무를 자청하는 사람이 거의 없었다. 기숙사 제공, 매 주말 차량 제공, 파견 수당 등 온갖 조건을 내걸었는데도 선뜻 동의하는 직원이 없었다.

이유는 간단했다. 안후이성은 지역감정 때문에 관리 자체가 불가능하다는 것이었다. 하는 수 없이 처음 계획했던 것보다 좋은 대우와 조건을 내걸고 관리자 중에서 외지인을 중심으로 선발 대상을 넓혀서 겨우 필요한 인원을 채울 수 있었다. 선발된 사람 중에 처음부터 회사가 원했던 직원은 절반도 되지 않았다. 그나마 초창기부터 노무관리 차원에서 현지인과 외지인, 그중에서도 지역별로 안배해서 입사시켜 관리자를 양성해온 덕을 본 셈이었다.

그런데도 파견 인원 중 20여 명은 6개월을 넘기지 못하고 쿤산 공장으로 되돌아갔다. "정월 대보름, 칠월 백중 등 장쑤성에서는 사라지고 없는 전통을 따르느라 결근자가 많아서 통제가 안 된다"부터 "은행에서 오후 2시까지 낮잠을 잔다고 일을 볼 수 없다"는 등 이유도 각양각색이었다. 심지어는 자기들 입으로 "이곳은 중국이 아니다"라고 단언하기까지 했다.

허난성은 상하이에서 1,000킬로미터 이상 떨어져 있기 때문에 당연히 문화적 차이가 있을 수밖에 없을 것이다. 하지만 신설 공장이 위치한 안후이성 쉬안청 시는 장쑤성 쿤산 시로부터 불과 230킬로미터 정도 떨어진 곳이다. 실제로 우리 공장은 안후이성과 장쑤성이 맞닿아 있는 곳에 자리 잡고 있다. 애당초 공장을 이전하더라도 상하이 항구로부터 300킬로미터 이상 떨어지면 물류비용도 걸림돌이 될 수 있었다. 거기다가 공장 정상화를 위해서는 쿤산 공장 중국인 관리자들의 도움이 절실했기 때문에 처음부터 먼 곳으로의 이전은 생각지도 않았다. 그럼에도 불구하고 지역 차별과 문화적 특색 때문에 곤욕을 치렀던 것이다.

1993년 쿤산 공장에 처음 진출했을 당시 한국인 직원은 30명이 넘었다. 15년이 지난 2007년에는 한국인 직원 4명이 1,500명의 근로자와 함께 일해도 될 정도로 현지화를 이룬 뒤였다. 이런 노하우는 신설 공장이 자리를 잡는 데 큰 자산이 될 것으로 판단했다. 그리고 회사의 현지화 정책 덕분에 성장한 중국인 관리자들이 신설 공장 안정화에 큰 몫을 할 것으로 기대했다. 하지만 이런 계획은 중국인 직원도 극복하기 힘든 지역감정 때문에 큰 효과를 보지 못했다. 뒤늦게 계획을 수정해서 쿤산 공장에서 함께했던 한국인 직원 6명을 추가로 투입했다. 그들이 흘린 땀이 아니었다면 더 큰 시행착오를 겪었을지도 모른다.

너무 쉽게 생각한 내 실책이었을 수도 있다. 안후이성과 장쑤성이 붙어 있다는 것만으로 전라도와 경상도 정도로 이해했으니 말이다. 하지만 두 지역은 춘추전국시대 때부터 분열과 합병을 거듭하면서 서로 완전히 다른 풍습과 가치관을 가지고 있다는 것을 뒤늦게 알게 되었다. 개혁 개방 이후에는 내륙에 위치한 안후이성이 상대적으로 발전이 늦었다. 그런 이유로 쉬안청 공장 직원들은 쿤산 공장 직원들에 대한 시기와 질투가 있음을 파견된 쿤산 공장 직원들을 통해서 알게 되었다. 공장 유치 초기에는 공장만 이전하면 특별 대우를 해줄 것 같이 친절하던 쉬안청 지역 공무원들의 가슴속에는 장쑤성에 대한 라이벌 의식이 존재하고 있다는 사실도 뒤늦게 알아차렸다.

중국에서는 불과 다리 하나를 사이에 두고도 남녀 간의 지위, 데릴사위에 대한 인식, 심지어 의식주에 대한 호불호조차도 서로 다르다. 최저임금도 다르게 적용되고, 기업이 부담해야 할 사회보험 요율도 차이가 난다. 지방세 비율은 물론 항목조차도 생소한 경우가 많다. 비관세장벽은 적용 기준이 달라도 너무 다르다. 소방, 안전, 환경 등 기업이 피해 갈 수 없는 기준도 '딴 나라' 같은 곳이 많다.

　중국은 지역이 워낙 넓다 보니 중국 전체를 아는 중국 전문가가 태어날 수 없는 구조다. 그래서 중국 사업의 성패는 지역 전문가를 얼마나 많이 보유하고 있느냐에 달렸다. 상하이에 파견된 주재원은 상하이 방언 몇 마디쯤은 흉내를 낼 줄 알아야 인정을 받는다. 후난성 창사에 가서는 그 지역 출신 마오쩌둥과 류사오치의 치적을 논할 수 있어야 그들과 친구가 될 수 있다. 쓰촨성 청두에 가서는 유비와 제갈공명 말고도 쓰촨성의 매운 음식에 대해서도 아는 체를 해야 서로 대화를 나눌 수 있다.

　중국에서는 필요하다면 돈은 빌릴 수 있다. 하지만 필요한 길은 아무도 알려 주지 않는다. 가야 할 길은 스스로 찾아 나서야 한다.

# 사회주의 정글 속에서 터득한
# 시장경제 생존법

# 꽌시 맺기,
# 정글 속 첫 번째 생존법

사람이 사는 곳은 어디든지 인연이라는 것이 생긴다. 그런 인연을 연결하고 다듬는 과정을 중국에서는 흔히 '꽌시'라고 한다. 꽌시의 중요성을 잘 모르거나 무시하면 중국에서 취업이나 사업은 거의 불가능하다는 말까지 나올 정도로 아주 중요한 개념이다.

얼핏 보기에는 한국의 '인맥'과 같은 의미로 보이지만 실제로는 차이가 있다. 한국에서의 인맥은 혈연, 지연, 학연 등 과거에 관련된 연결 고리를 근거로 맺어진다. 그러나 중국의 꽌시는 미래에 예상되는 이익을 위해서 맺어지는 만남으로 보면 된다. 이익 관계가 소멸되면 꽌시도 소원해진다. 그래서 꽌시는 맺기도 힘들지만 유지하기도 어렵다.

보통의 한국 사람들이 생각하는 중국 사람들과의 만남을 그려보자. 우선 함께 식사를 하고 그다음은 진한 술자리가 필수다. 거나하게 취해야 흉금을 털어놓을 수 있기 때문이다. 그래서 중국에서 누군가와 꽌시를 맺기 위해서는 술자리는 피해 갈 수 없는 통과의례로 인식한다. 알코

올 도수 40도가 넘는 독주인 '바이주'는 빠질 수 없다. 중국은 한국과 달리 첨잔 문화가 있다. 술잔이 조금만 비어도 바로바로 술을 채워준다. 건배 구호인 '깐뻬이(잔을 깨끗이 비워라)!'가 끊임없이 이어진다. 이렇게 되면 본연의 임무는 온데간데없이 양국 간 '술 전쟁'으로 변한다.

홈그라운드도 아닌 어웨이게임임에도 작전은 수비가 아닌 공격 위주로 펼쳐진다. 전반전도 넘기기 전에 한국인의 비밀 병기인 '폭탄주'를 투입해서 선제공격을 가한다. 이쯤 되면 제법 방어 전략이 뛰어나다는 중국 왕서방도 군인정신으로 무장된 한국의 술 상무를 당할 재간이 없다. 상대가 나뒹굴면서 기권하는 모습을 보고서야 만족감을 느끼며 꽌시 맺기가 성공한 것을 알게 된다. 누구나 한두 번 쯤은 경험했을 과정이다. 그러나 며칠 뒤 상대편에서 연락이 오면 어지간한 사람도 주저하게 된다. 이번에는 내가 당할 것 같은 느낌이 들기 때문이다.

2000년대 초반, 장쑤성 쿤산 시 지역은 외자 기업에게는 황금기였다. 지방 시 정부에서는 외자 유치를 위해서 외자 기업에게 갖은 특혜를 베풀었다. 중앙정부에서 주어지는 각종 세제 혜택은 물론 노동, 소방, 환경 등 인허가에 관련된 문제까지 거의 모든 정책이 기업 친화적이었다. 외자 기업 유치 실적이 지방공무원들의 인사고과와도 직결되었기 때문에 외자 기업과의 관계 자체를 소홀히 할 수 없었다.

시 정부는 하루가 멀다 하고 외자 유치 설명회, 외자 기업 지원 활동, 각 분야별 시상 대회 등을 개최해서 지역 홍보는 물론 외자 기업의 사기 진작을 위한 정책을 펼쳤다. 이러한 기업 환경에서 꽌시 맺기를 원하는 쪽은 오히려 중국 정부 관료들이었다.

그러던 어느 봄날, 정부의 당서기로부터 연락이 왔다. 전년도 기업 실적을 평가한 결과 우리 회사가 '우수 납세 기업'으로 선정되었기에 시상을 하겠다는 것이었다. 마땅히 내야 할 세금을 냈는데 무슨 상이냐고 되물으면서도 싫지는 않았다. 한편으로는 연일 '꽌시 맺기'가 계속되고 있는데 또다시 이 상을 핑계로 벌어질 '술판'을 생각하니 걱정이 앞섰다.

나는 술자리를 피하기 위한 꾀를 냈다. "급한 일이 생겨서 시상식 참석은 어렵고, 불로소득이니 우리가 받을 상금 전액을 기부하겠다"는 뜻을 전했다. 시 정부로부터 받은 상금 6만 위안(당시 환율로 약 1,100만 원) 전액과 5백만 원 상당의 운동화까지 보냈다.

며칠 뒤 정부에서 기부 기관으로 정해준 지역 양로원을 찾았다. 기부식장 입구에서부터 감사 현수막이 나붙었다. 식장은 지방정부의 공무원들과 지역 주민 그리고 양로원 입주자들로 가득 차 있었다. 거창한 기부식이 부담스러울 정도였다.

반응은 놀라웠다. 외자 유치와 개발 위주로 앞만 보고 달리던 당시의 시 정부로서는 문화적 충격을 받은 듯했다. 지역 방송은 물론 신문에 소개되기도 했다. 한국의 외자 기업이 행하는 '기업의 사회적 책임'을 중국 기업도 배워야 한다는 것이 주 내용이었다.

그날 이후로 외자 관련 행사가 있을 때마다 우리 회사는 "지역에 1호 외자 기업으로서 사회적 책임을 다한……"이란 수식어와 함께 소개되곤 했다. 우연히 시작한 기부 활동이지만 규모는 달라도 해마다 이어 갔다. 뜻하지 않게 우리 회사는 정부 관계자는 물론 양로원 입주자들의 가족을 통해서 '착한 기업'으로 입소문을 타기 시작했다. 어떤 접대보다 꽌시 효과를 톡톡히 본 셈이다. 그 결과 이듬해에는 지역사회 발전에 이바지한 공로로 명예시민증을 받는 영예도 안았다.

2007년부터 2010년까지 약 3년 간에 걸쳐서 쿤산 공장을 안후이성 쉬안청 시로 이전한 후에도 연말마다 양로원과 고아원에 물품을 기부했다. 그때마다 반응은 놀라웠다.

2016년 여름에 쉬안청 지역에 대홍수가 발생했다. 베이징의 CCTV(중국 국영방송)까지 이 지역에 파견되어 상주하면서 수해 피해에 대해서 생중계를 할 정도였다. 양쯔강 하류에서부터 역류한 물이 강둑을 무너뜨리는 등 이 지역의 침수 피해는 엄청났다.

공단 내 대부분의 공장이 물에 잠겨서 가동을 중단한 상태였다. 시내에서 공단으로 연결되는 도로까지 침수되는 바람에 종업원들의 출근 자체가 불가능했다. 다행히 우리 공장은 다른 공장에 비해 침수 피해가 크지 않았다. 2007년 이곳에 첫 삽을 뜰 때 기초공사를 하면서 이웃 공장이나 도로보다 공장 바닥 높이를 50센티미터 이상 높인 덕분이다. (이 결정에는 1998년 장쑤성 대홍수 때의 경험이 영향을 미쳤다. 당시 쿤산 공장은 공장 지대가 낮아서 약 1주일 동안 공장 안에서 기름통을 타고 노를 저으면서 수해 복구를 한 적이 있다.)

이웃 공장은 수해 복구를 하느라 여념이 없을 때, 아이디어를 냈다. 장쑤성을 비롯한 안후이성 남부 등 평야 지역은 한번 물이 차면 어차피 며칠간 배수가 되지 않기 때문에 발을 동동 구른다고 해결될 일도 아니었다. 이런 기회에 남보다 먼저 수재 구호물자를 지원하기로 했다. 제품을 출고할 때 이용하는 컨테이너보다 더 큰 트럭을 수배했다. 어림잡아

2천만 원 정도의 생수, 쌀, 식용유, 운동화로 가득 채웠다. 트럭 옆에는 중국인들이 좋아하는 붉은 현수막에 위로의 인사까지 적어서 걸었다. 수재 이재민 구호물자 제공이 아니라 마치 출정식 같은 분위기가 민망할 정도였다.

하지만 현지 총무 과장의 주장은 달랐다. 큰 인명 피해가 없기 때문에 현수막 정도는 괜찮다는 것이다. 더욱이 이 기회에 이기적인 장사꾼이 아니라는 사실도 알리고 싶었다. 결과는 기대 이상이었다. 지역신문과 방송에 착한 기업가로 소개되었다. 현지인들의 주장에 귀 기울인 결과였다.

한 달 후, 시 정부로부터 감사 표시로 5만 위안(약 850만 원) 정도의 기업 장려금이 당도했다. 그 돈을 침수 지역에 거주하는 종업원(1,000명 중 약 200명)에게 나누어서 지급했다. 회사의 수재 구호품 지원으로 뜻밖의 횡재(?)를 한 종업원들은 신바람이 날 수밖에 없었다.

그해 늦은 여름, 감사 인사 차 쉬안청 시장이 공장을 찾았다. 종업원들을 통해서 소식을 전해 듣고 확인 차 온 듯했다. 의례적인 인사 끝에 애로 사항으로 공단 진입로 가로등 설치를 건의하게 되었다. 동절기 출퇴근 시간에 불편을 겪는 곳이었다. 그해 10월 초, 국경절 휴무를 마치고 돌아오니 국도 변 약 2킬로미터 구간에 가로등이 설치되어 있었다. 술로 맺은 꽌시로는 얻을 수 없는 또 다른 꽌시 덕을 톡톡히 본 것이다.

우리가 기부한 구호물자는 엄격한 의미에서 자선 행위가 아니었다. 이익 관계를 전제로 한 '꽌시' 맺기의 결과물이다. '우연'이 계속되면 '필연'이 된다고 했다. 15년 전, 술을 피하기 위해서 시작한 나만의 꽌시 맺기가 착한 기업으로 받아들여져 과분한 혜택으로 돌아왔다. 이제는 우리만의 꽌시 맺기가 피할 수 없는 필연이 되었다.

# 잘 지은 상표명 하나,
# 재벌 기업 안 부럽다

일반적으로 의류, 신발 등 생필품은 다국적기업(유통)과 생산 공장(생산) 간에 철저한 분업 체계를 유지한다. 다국적기업은 OEM(주문자상표부착생산) 체제를 통해서 생산 공장으로부터 자신들이 필요한 제품을 공급받는다. 이 시스템은 각자의 전문 분야에만 전념할 수 있어서 양측 모두에게 유리하다.

그러나 생산 공장을 운영하는 기업인이라면 누구나 언젠가는 자기 상표를 갖고 싶은 욕망이 있다. 다국적기업으로부터 받는 압력, 횡포 등과는 별개의 문제다. 생산에 관련된 자신들의 노하우를 제품에 직접 반영해서 소비자들로부터 평가를 받고 싶은 것이다.

하지만 생산 공장에서 자기 브랜드를 출시한다는 것은 생각처럼 쉬운 일이 아니다. 제품의 유통과 판로 개척 등에는 상당한 시간과 노하우가 필요하기 때문이다. 또한 초기 시장 진입을 위한 광고비 부담과 선발업 체들의 견제, 판매 후 재고 부담 등은 높은 진입장벽이다. 웬만한 기업은 이런 산을 넘지 못하고 중도에 포기하고 만다.

2014년은 한류의 절정기였다. 그동안 중국의 안방을 점령했던 '대장금'을 비롯한 한국 드라마의 열기가 잠시 주춤해지자 때마침 '별에서 온 그대'가 등장하여 꺼져 가던 한류를 되살렸다. 드라마가 몰고 온 한류 열풍은 대단했다. 드라마 속 치킨과 맥주, 라면 등의 인기는 산출할 수 없는 경제적 가치를 만들어 냈다. 한국산 분유, 화장품 등도 불티나게 팔려 나갔다.

한류는 우리에게도 큰 용기를 안겨 주었다. 우리도 신발로 한류에 편승하고 싶다는 욕망이 꿈틀거렸다. OEM 체제로 미국, 일본 등에 수출만 해오던 우리에게 내수 시장 진출은 분명 어려움이 있겠지만 한국 관련 생필품이 상한가를 치고 있는 지금이 중국 시장 진출의 적기라 판단했다. 아무것도 안 하고 후회하는 것보다 나을 거라 믿었다.

2015년 초, 사장 직속으로 TF팀을 구성했다. 상표등록부터 인터넷 판매망 구축, 대리점 모집까지 넘어야 할 산이 한둘이 아니었다. 하지만 한류가 우리에게 꽃길만 안내해줄 것이라 믿었다. 우리는 두 개의 원칙을 세웠다. 상표에 관한 기준이 그 첫 번째였다. 상표는 단순히 부르기 편하고 기억하기 쉬운 정도여서는 안 된다. 상표 하나에 중국인들이 좋아하는 문화를 담아야 한다. 중국에서 작명의 중요성은 아무리 강조해도 지나침이 없다. 중국 시장에서 상표 때문에 희비가 엇갈린 사례는 비일비재하다.

1,000명의 종업원과 협력 업체 등을 상대로 상표명을 공모한 후, 전문가의 의견을 참조해서 최종 후보로 '에잇플러스(EIGHT PLUS)'와 '탑

콕스(TOP COX)'로 결정했다. 에잇플러스는 중국인들이 좋아하는 숫자 8에 플러스를 더한 것이고, 탑콕스는 8명이 참가하는 조정 경기에서 리더를 가리키는 말이다. 베이징에 있는 상표등록 대행업체를 통해서 중국 상표국에 신청 절차를 거쳤다.

두 번째 기준은 생산과 판매를 분리한다는 것이었다. 내수 판매 경험이 전혀 없는 우리가 유통이나 판로 개척까지 책임진다는 것은 무리라는 판단에 따라 내린 결정이었다. 때마침 불어온 한류 바람은 유통 전문 회사를 선정하는 데도 큰 도움이 되었다. 엄격한 심사를 거쳐서 우선 화둥 지방(상하이, 장쑤성, 저장성, 안후이성 등 인구 2억2천만 명이 거주하는 중국 동남부 지방)을 목표로 판매를 전담할 수 있는 유통 전문 회사를 선정했다. 다른 한 곳은 인터넷 판매를 전담하는 젊고 역동적인 회사였다.

신청한 상표가 최종 등록 판정을 받는 데 6개월이란 시간이 걸렸다. 내부적으로 제품 디자인과 생산 준비를 하는 데 필요한 시간이기도 했다. 그런데 판매 대행업체로 선정된 유통 회사로부터 제품 공급을 서둘러 달라는 독촉이 빗발쳤다. 시기를 놓치면 판매에 차질이 생긴다는 이유였다. 상표등록 대행업체도 사전 검증 결과 우리가 등록 신청한 2개 상표 모두 하자가 없기 때문에 생산 및 유통을 진행해도 상표법에는 아무런 저촉이 되지 않는다는 확답을 받았다.

무시할 수 없는 유통 전문 회사의 거듭되는 생산 독촉 요구가 결정의 순간을 앞당겼다. 하지만 상표등록증을 손에 쥐기도 전에 생산 준비를 한다는 것은 모험이었다. 한번 결정하면 되돌릴 수 없다. 만일 상표등록이 거부된다면 치명타가 될 터였다. 상표 디자인에 관련된 초기 비용이 엄청나기 때문이다.

고민을 거듭한 끝에 결국 '에잇플러스'로 결정, 제품설계, 포장 디자인, 장비 준비 등에 자금과 노력을 쏟아부었다. 상표등록증도 받기 전에 제품 생산, 출고까지 일사천리로 진행했다. 안후이성 우후 시에 본거지를 둔 유통 회사에서 성대한 출정식도 거행했다. 한국에서 촬영해 온 우리 제품을 착용한 대학생들의 힙합 댄스 동영상은 큰 주목을 받았다.

어느 것 하나 막힘없이 순조롭게 진행됐다. 제법 반응도 뜨거웠다. 그런데 거창한 출정식이 끝난 약 3주 후, 날벼락 같은 소식이 날아왔다. 에잇플러스가 상표등록을 거부당했다는 것이었다. 누군가가 우리보다 2주일 전에 상표 등록을 했다는 것이 아닌가! 눈앞이 캄캄했다. 출고된 제품을 회수하는 것도 문제지만 이미 판매된 제품은 상표법 위반이었다. 혼돈의 시간이 흘렀다.

며칠 뒤, 이미 등록된 에잇플러스 상표를 구입할 의향이 있느냐는 제안이 왔다. 말 그대로 충격이었다. 한국의 유명 브랜드가 중국인들에 의해서 이미 중국 상표국에 등록이 되어 있어서 중국 시장 진출 자체가 어렵다는 것은 널리 알려진 얘기다. 상표등록 초기에 정보가 유출돼서 상표권이 선점 당했다고, 대행업체를 의심하면서 흥분하는 직원도 있었다. 보이지 않는 누군가의 손이 작동했음은 분명해 보이지만 물적증거가 없었다. 분쟁을 피하는 것이 최선이라는 판단이 들었다. 누구의 잘못이고 누가 누구를 속였는지 따지는 것 자체가 낭비였다. 확실한 증거가 있어도 시간과 비용이 소요되는 분쟁에서 이긴다는 보장이 없었다.

상표권 구입이냐 포기냐? 외로운 결정을 해야 했다. 한번 잘못 발을 내딛으면 또 다른 시련이 앞을 가로막을 것이라는 생각이 들었다. 결국 철수를 결정했다. 유통 회사와 협의하에 이미 출고된 제품 회수에 들어 갔다. 허망함을 애써 감추고 상표등록이 받아들여진 '탑콕스'로 다시 시 작했다. 지나온 1년을 다시 걷는 느낌이었다.

2016년에 접어들자 '태양의 후예'가 전 중국을 강타했다. 문법 표기 도 맞지 않는 한글 대사를 가슴에 인쇄한 의류가 등장하고 신발에도 한 류 바람이 거세게 불었다. 그러나 이런 강풍도 남의 잔치가 되어버렸다. 그때는 이미 우리 직원들도 추동력을 상실해버린 상태였다.

직원들이 그렇게 좋아하던 '에잇플러스'라는 상표는 이 세상에서 빛 도 제대로 보지 못한 채 꿈을 접어야 했다. 내수 시장의 높은 진입장벽 만 확인했다. 그로부터 불과 1년 후, 한류 바람은 사드 바람에 밀려나기 시작했다. 한편으로는 판을 더 키우지 않은 것이 오히려 다행이라는 생 각도 들었다. 얄팍한 한류 바람에 기대 덕을 보겠다는 꿈을 접으라는 경 고음이었는지도 모르겠다. 밖에서 부는 바람은 우리의 실력이 아니라 그냥 지나가는 바람일 뿐이다.

# 러시아 월드컵에서
# 독일이 일찍 짐 싼 이유

"사장님, 듣기만 하이소."

쿤산 공장 관리 부장의 떨리는 목소리가 귓전을 울렸다. 순간 나는 온몸에 전율을 느꼈다. 큰일이 생겼다는 것을 직감했기 때문이다. 평소와 달리 관리 부장의 낮은 목소리가 이어졌다.

"쉬안청 공장에서 가류 가마가 폭발했습니다. '쇼까오즈'가 병원에 실려 가고……."

아무 말없이 휴대폰을 무릎 위에 내려놓았다. 안후이성 쉬안청 공장을 가동한 지 9개월 만인 2008년 12월, 우리 공장 방문을 위해 중국에 온 일본 바이어 H사장과 함께 회사로 향하던 길이었다. 금융 위기로 인해서 25년 넘게 거래해 오던 미국 쪽 주문량이 감소하고 일본과의 거래 비중이 점차 커지고 있을 때였다.

"무슨 일이 있습니까?"

심상치 않은 분위기를 읽은 H사장이 물었다. 나는 대답을 할 수가 없었다. 속이 새까맣게 타들어 갔다. 잠시 후, 또다시 휴대폰 진동이 울렸다. 본능적으로 뚜껑을 열었다.

"쇼까오즈가 죽었습니다."

"……."

나는 아무 말없이 창밖을 응시했다. H사장도 내 심정을 알아차렸는지 더 이상 말을 걸지 않았다. 무거운 침묵이 흐른 지 1시간, 차마 보고 싶지 않은 공장에 도착했다.

"급할수록 정신들 차리라고……. 공인들은 어떻게 하기로 했어요?"

"일단 돌려보냈습니다. 별도 통지가 있을 때까지 출근을 중지시켰습니다."

생산 본부장이 힘없는 목소리로 대답했다. 사고 현장은 아수라장이었다. 배관이 터져 물바다를 이루고, 수백 킬로그램이 넘는 가류관 문이 수십 미터 떨어진 반대편에 널브러져 있었다. 폭발 충격으로 인해 이미 형체를 잃어버린 반대편 가류 가마는 사고 당시의 처참한 상황을 그대로 보여주었다. 쿤산 공장에서 쇼까오즈와 함께 파견 온 직원들의 울음소리가 작업 현장을 메우고 있었다.

우리 공장에서 출하되는 고무 제품은 원래의 구조나 형태를 유지하기 위해 고온과 압력이 관통하는 가류 가마라는 작업 공정을 거쳐야 된다. 이 과정에서 압력 관의 문을 완전히 잠그지 않으면 작동이 중지되고 내부의 압력이 높으면 안전핀을 통해서 압력이 자동으로 배출된다. 그런데 이날 기계가 압력을 견디지 못하고 폭발한 것이다. 웬만해서는 일어나지 않는, 창사 이래 처음 발생한 사고였다.

다음날 새벽, 또다시 휴대폰이 울렸다. 순간 나는 내 눈을 의심하지 않을 수 없었다. 발신자가 이번 사고로 숨진 쇼까오즈가 아닌가! 등골이 오싹했다. 전화기를 열자 쇼까오즈의 아내가 남편을 살려 내라며 울부짖었다. 삶의 기둥을 잃어버린 그녀의 한 맺힌 절규는 사고 처리 과정이 쉽지 않음을 예고하는 듯했다.

"사장님! 병원에 가시면 절대로 안 됩니다. 지금 가족들이 수십 명의 폭력배를 동원했습니다. 정말 위험합니다. 공안(경찰)에게 경호를 부탁하겠습니다."

"L부장! 내 신변을 걱정하는 것은 좋은데 그렇다고 경찰을 동원하면 어떻게 하나, 취소해! 나 혼자 들어갈 테니까 L부장도 영안실 안으로 따라오지 마!"

눈이 휘둥그레진 L부장을 뒤로하고 혼자 영안실 안으로 들어갔다. 물론 신변의 위협을 느끼고 있었지만 그렇다고 경찰까지 동원하는 것은 오히려 가족들의 감정을 자극할 것이 분명했다. 사실 이때까지만 해도 중국에서는 법보다 주먹이 우선인 경우가 많았다. 가족을 잃은 슬픔도 있었지만 일부 친지들은 외국 기업주를 힘으로 눌러서 보상이라도 많이 받아 내자는 식이었다. 실제로 전날 밤에는 고인의 친지들이 회사로 찾아와서 유리창과 기물을 파손하고 난동을 부리기도 했다. 공장은 이미 난장판이 되었지만 공장 정상화를 위해서는 그들을 피해서도 안 될 일이었다. 차라리 직접 나서서 가족들에게 진심으로 사과하고 보상 문제를 꺼내는 것이 최선이었다. 정면 돌파 외에는 답이 없었다.

"사장이다! 죽여라! 쇼까오즈를 살려 내라!"

어젯밤에 회사에서 난동을 부린 그들은 아침부터 술에 취해 당장 내 멱살이라도 잡을 태세였다. 나를 가로막은 험악한 청년들을 뚫고 그의 아내가 나타났다. 그의 어머니와 삼촌도 남루한 옷차림으로 나를 감싸면서 통곡했다. 그들의 눈물을 닦아 주는 순간 나도 흐르는 눈물을 주체할 수 없었다. 그 순간만큼은 내가 가족들보다 더 울었다. 잠시 후 고개를 들었다. 눈앞의 탁자 위에 낡은 이불 하나가 무언가를 덮고 있었다. 쇼까오즈의 주검임을 직감적으로 알 수 있었다. 나는 탁자 앞으로 다가갔다. 이불을 천천히 걷었다. 사고 당시의 참혹함을 그대로 간직한 채 그토록 착했던 청년은 싸늘한 주검이 되어 누워 있었다. 아무 말없이 하얗게 얼어붙어 버린 그의 손과 얼굴을 쓰다듬었다. 그리고 뒤로 물러나서 큰절을 올렸다.

"쇼까오즈! 내가 죄인이다. 얼마나 아팠니? 나도 가슴이 아프다. 그 누구도 선뜻 동의하지 않던 쉬안청 공장 파견 근무를, 웃으면서 동의해 주던 너의 모습이 아직도 생생한데……. 결국 내가 너를 사지로 몰아넣은 꼴이 되었네. 수첩 속 사진을 보여주며 3살 된 공주라고 자랑하던 자네 딸이 영문도 모른 채 저 옆에 홀로 서 있구나. 그래, 걱정하지 말고 편히 눈을 감아라. 자네 아내와 딸에게 최선을 다할게……."

나의 속삭임을 누군가 듣기라도 한 듯 영안실 안에는 침묵이 흘렀다. 가족들의 흐느낌만이 이따금씩 적막을 깨고 있었다.

안전사고가 발생할 경우 당사자와 보상 문제가 마무리되지 않으면 공장 재가동은 사실상 힘들다. 안전국에서는 최소 30일에서 최장 120일까지 가동 중지라는 정보를 흘리고 있었다. 민원 발생을 우려한다는 무언의 압력이었다.

원칙은 명확했다. 쿤산 공장에서 과거 10년 동안 헌신한 대가는 충분히 보상되어야겠지만 그렇다고 일방적으로 보상금액을 높일 수도 없었다. 한편으로는 천박한 자본의 논리로 유가족을 대한다는 인상은 보여주고 싶지 않았다. 이런 인간적인 고뇌와 회사 대표로서의 임무 사이에서 외로운 줄타기를 해야만 했다.

밤늦게 마주앉은 협상 테이블에는 적막이 감돌았다. 가족 중에는 전날 밤에 회사 기물을 파손한 육척거구도 함께했다. 변호사까지 대동했다. 힘과 논리로 따진다면 밀릴 수밖에 없는 분위기였다. 가족 대표인 고인의 삼촌이 일어났다.

"사장님께 모든 것을 맡기겠습니다."

귀를 의심했다. 아니 중국어 실력을 의심했다. 동석했던 우리 직원 3명 모두 눈이 휘둥그레졌다. 이유는 간단했다. 사고 처리 과정에서 너무나 인간적인 직원들의 모습을 보고 감동해 장례식과 보상 절차를 회사 측에 모두 일임하겠다는 것이었다.

사고로 인한 피해는 엄청났다. 갑작스러운 생산 중단으로 출고 일정에 차질이 생겼다. 납기 지연으로 인한 항송 부담과 이미지 타격은 불을 보듯 뻔했다. 사고로 인해 생산 중단된 반제품과 생산 관련 인원 100여 명을 선발해서 쿤산 공장으로 보냈다. 납기 일정을 맞추기 위한 고육지책이었다.

안전 설비 교체와 관계 당국의 점검이 휴일도 없이 밤낮으로 이어졌다. 안전사고로 인한 경제적 손실은 눈덩이처럼 불어났다. 다행히 지난

1년 동안 이런저런 인연으로 만난 사람들의 도움 덕분에 8일 만에 공장을 재가동할 수 있었다.

러시아 월드컵 때 독일 팀은 한국 팀과의 경기에서 골키퍼까지 공격에 가담하다가 참패했다. 아무리 급해도 무리하게 공격하면 실패한다는 교훈이 거기 있었다.

2007년 10월, 쉬안청 공장 건설을 시작하면서 휴일도 없이 다그쳤다. 건설 공기를 앞당겨서 이듬해 봄, 미국 바이어들로부터 "쿤산 공장을 옮겨 놓은 것 같다"는 찬사를 들을 때만 해도 어깨가 으쓱했다. 신설 공장 가동을 위해서는 바이어 측으로부터 사전 공장 실사가 필수임에도 바이어 측과의 오랜 인간관계를 내세워서 사전 심사를 면제받았던 것을 우리의 능력이라고 자만했었다. 돌이켜 보면 이런 무모한 시도가 1년 뒤의 큰 사고를 불러온 셈이다.

과욕이었다. 아무리 급해도 절차나 과정을 무시하면 화를 자초한다는 것을 너무 비싼 수업료를 내고 배운 것이다. 한편으로는 아무리 긴박한 상황에 처해도 인간다운 모습을 잃지 않으면 다시 서로 신뢰하고 이해할 수 있다는 사실을 가족과의 협상 과정을 통해서 배웠다.

(쇼까오즈는 여느 중국인들처럼 8이란 숫자를 좋아했다. 현지인 K부장과 나는 사고 발생 다음해부터 2016년까지 8년 동안 매년 12월 2일 밤, 사고 현장에서 아무도 모르게 고인을 위로하는 제사를 모셨다.)

# 순풍에 돛 달고,
# 냉가슴앓이

2008년은 중국에 진출한 외자 기업에게 변곡점이 된 한 해였다. 토종 기업에 대한 역차별이라는 거센 여론에 밀려 중국 정부는 그동안 외국 기업에 부여했던 특혜를 줄여 나가기 시작했다. 그중 하나가 그해부터 시행된 '노동계약법'이다.

개혁 개방 이후 노사 관계를 시장 자율에 맡겼던 중국 정부가 노동계약법을 제정하여 노사 분쟁에 따른 사회적 불안을 해소하고 부의 불평등 문제를 완화하겠다는 의도였다. 이 법은 기업주의 의무와 노동자의 법적 권리 등을 체계화한 것에는 의미가 있지만, 후유증도 적지 않았다. 노동계약법에는 사실상 '종신고용제도'에 관한 내용이 담겨 있었기 때문이다. 거기다가 고용 보장에 관한 내용을 포함한 노동합동서(근로계약서)*를 작성하지 않을 경우 회사는 종업원에게 보상금을 지급해야 하는 것이 이 법의 요지다.

그전까지 노동시장 유연성을 내세워 기업은 업무량에 따라 종업원을 해고 또는 고용하는 것이 자유로웠다. 외자 유치를 위한 친기업정책 덕분이었다. 신노동법이 시행되자 많은 기업이 종업원을 해고하고 신노동법 시행일에 맞추어 다시 근로계약서를 작성하는 해프닝이 벌어졌다. 신노동법을 위반했을 경우 입사일로부터 소급해서 보상금을 지급해야 하기 때문에 만일의 사태를 대비하기 위함이었다.

공교롭게도 신노동법이 시행된 그해 3월에 쉬안청 공장을 정상 가동하기 시작했다. 신노동법에 대한 이해도가 뛰어난 관리자가 필요했다. 쿤산 공장의 노무관리 전담이었던 현지인 L과장을 파견했다.

새로운 법 시행에 따른 부작용이 속출했다. '사업주는 정당한 사유 없이 종업원을 함부로 해고할 수 없다'는 종업원 보호 조항이 주 내용임에도 불구하고 종업원들은 자신을 묶어 놓기 위한 족쇄로 생각하여 근로계약서에 서명하지 않았다.

계약서에 명시된 각종 사회보험 의무 가입 조항도 발목을 잡았다. 월급에서 공제되는 본인 부담금 때문에 보험 가입을 거부하는 경우가 속출했다. (사실 중국은 전국적으로 연계된 단일 보험 체계를 갖지 못한 제도상의 허점도 있었다. 안후이성 이외 지역 출신들은 과거에 자신이 납입한 보험금과 연계되지 않기 때문에 보험 가입을 반대할 수밖에 없었다.)

하지만 한 달간의 수습 기간 동안에 근로계약서를 작성하지 않으면

---

* 기업은 노동자를 고용할 때 반드시 서면으로 노동합동서를 체결해야 한다. 노동합동서를 작성하지 않으면 해당 기간 동안 임금의 2배 이상 보상금을 지급해야 한다. 노동계약은 크게 고정기한과 무고정기한으로 나뉜다. 고정기한으로 연속 2번 체결한 후 세 번째는 자동으로 무고정기한으로 체결된다. 노동계약 없이 채용할 수 있는 기간은 처음 1개월, 수습 기간뿐이다.

회사의 귀책사유였다. 위법행위를 하지 않기 위해 회사는 근로계약서 작성 여부에 따라 해당 종업원에 대한 고용 여부를 결정해야만 했다. 밀고 당기고 서명을 연기하는 일이 반복되다 보니 15년 경력의 노무관리 전문가였던 L과장도 관리가 느슨해지기 시작했다.

언쟁을 피하기 위해서 실무자들이 선택한 방법이 대리 서명이었다. 일부 근로자들이 계약서 내용을 이해하지 못한다는 핑계로 또는 바빠서, 글자를 잘 모른다는 이유로 근로계약서에 가짜 서명이 늘어갔다. 공교롭게도 한국인 관리 부장 교체기였다. 업무 공백기를 틈타 편법을 동원한 것이었다.

회사에서는 이런 속사정을 모르고 공장 가동 초기에 그렇게 복잡하던 노무관리가 이듬해부터는 안정을 찾았다고 생각했다. 그런데 2009년 여름, 노동국으로부터 고발장 접수 소식이 날아들었다. 종업원 1,400명 중 상당수의 근로계약서가 위조되었으니 해당자에게 보상금을 지불하라는 내용이었다. 청천벽력이었다. 법 시행 초기부터 외자 기업이 표적이 될 것을 짐작하고 어느 회사보다 철저히 관리해 왔다고 자부하고 있었기 때문이다.

나중에 알게 된 사실이었지만 외부 브로커가 일부 종업원을 부추겨서 외자 기업을 표적으로 삼는 일이 적지 않다고 했다. 법 시행 초기의 혼란을 이용해서 이득을 보려는 것이다. 방어가 필요했지만 방법이 없었다. 답답하고 이해가 안 됐지만 침묵할 수밖에 없었다. 감정 회사에 필적감정을 의뢰한 결과 근로계약서에 대리 서명을 하고서 회사를 상대로 고발 대열에 합류한 종업원이 60여 명이었다. 그중에는 자신이 서명한 계약서를 폐기하고서 계약서를 작성하지 않았다고 신고한 노무관리 전담 부서원도 포함되어 있었다.

그동안 훈련된 기능이 아까웠지만 60명 모두에게 더이상 함께할 수 없음을 통보했다. 신노동법에 따라 입사일 기준으로 2배 이상의 보상금 (퇴직금의 2배)을 지급하고도 아깝지 않았다. 관리의 부실함도 있었지만 양심을 속이는 종업원과는 함께할 수 없다는 자존심 때문이었다.

잠자는 사람은 깨울 수 있어도 잠자는 척하는 사람은 깨울 수 없다. 매사에는 선후와 완급이 있다. 모르고 속은 것보다 알고 당하는 편이 낫다. 눈에 보이는 100원은 기회비용으로 날려버릴 수 있어도 보이지 않는 1원은 절대로 쓸 수 없다.

중국이 두려운
사람들

# 반복되는 차이나 엑소더스

많은 사람들이 한국 기업의 중국 철수가 사드 문제로 인해 시작된 것으로 알고 있다. 되돌아보면 한국 기업의 '차이나 엑소더스'는 주기적으로 있어 왔다. 그때마다 세대가 교체되고 새로운 업종이 공백을 메우면서 중국과의 교역은 증가되어 왔다.

1992년 한중 수교는 탈출구를 모색하던 한국의 노동집약적 산업 분야에 날개를 달아 주었다. 80년대부터 개혁 개방 정책을 펴기 시작한 중국은 90년대 들어서 외자 기업 유치에 발 벗고 나서게 된다. 공장 설립 시 각종 인허가 간편화, 원 스톱 서비스 도입, 인력 모집 편의 제공, 각종 세제 혜택 부여, 싼 가격에 공업용지 제공 등 파격적인 조건을 내세우면서 외자 기업 유치에 힘을 쏟았다. 지금으로서는 상상도 할 수 없는 조건이었다.

중국 정부의 이런 파격적인 지원에도 불구하고 중국에 진출한 1세대 기업이 모두 성공한 것은 아니다. 당시의 열악한 기업 환경은 해외 진출 경험이 전무한 기업에게 수많은 시행착오를 겪게 했다. 내부적으로는 본사의 한국인 직원도 외국 근무 자체를 기피하던 시기였다. 해외 진출에 관련된 정보 또한 턱없이 부족했다. 더구나 중국과는 이데올로기 문제까지 걸림돌이 되었다. 많은 기업에게 외국 진출이라는 것 자체가 큰 도전이었다. 지금까지 아무도 가 보지 않은 길이었기에 어려움이 많은 시기였다.

중국 또한 이제 막 개방을 시작하던 시기였기 때문에 상하이를 비롯한 대도시에도 항공, 통신, 도로, 항만 등 기업 경영에 필수적인 인프라가 제대로 갖추어지지 않았다. 기계 부품 하나 조달하는 데 부산에서 상하이까지 열흘 이상 소요되는 일이 비일비재했다. 부족한 전력을 충당하기 위해서 기업 내에 자가발전기를 설치하는 것은 기본이었다.

이런 와중에 한국에 몰아친 IMF 외환 위기는 중국 진출 기업이 철수하는 첫 번째 계기가 된다. 중국 진출 1세대 기업은 대부분이 노동집약적 산업이었다. 또한 수출만 바라보는 OEM 기업이었다. 본사가 외환위기 체제에 들어가면서 중국 진출 신생 기업은 속절없이 무너졌다.

하지만 이때는 중국의 법과 제도가 정비되지 않은 시기였다. 때문에 외자 기업이 철수를 하더라도 종업원들은 기본적인 권리조차 행사하지 못했다. 수많은 외자 기업이 무단으로 철수했지만 외부에는 알려지지도 않았다.

IMF 체제는 바깥세상은 모른 채 앞만 보고 달려온 기업에게 새로운 패러다임을 갖게 해주었다. 정부의 정책에 의지하기보다는 기업 스스로 자구책을 마련하지 않으면 언제든지 파국에 이를 수 있다는 인식을 갖게 된 것이다.

IMF 외환 위기라는 긴 터널을 통과한 기업은 이후 10여 년 동안 연착륙하게 된다. 이때는 중국에 진출한 한국 기업의 황금기였다. 전자, 자동차 등 한국 산업의 주력 업종이 중국에 본격적으로 진출함으로써 한국산 중간재의 대중국 수출이 급증하게 된다. 이에 따라 한중 교역량이 한미 교역량을 추월하기 시작했다.

산이 높으면 골도 깊은 법이다. 2008년부터 중국 진출 기업의 두 번째 중국 대탈출이 시작된다. 중국 정부의 외자 기업 우대 정책 축소 때문이었다. 그 대표적인 예가 초기 2년간은 법인세를 100퍼센트 면제해주고 그 후 3년간은 50퍼센트 감면해주던 이른바 '2면3반감' 혜택의 폐지다. 법인세율 또한 토종 기업 세율을 33퍼센트에서 25퍼센트로 인하함으로써 내·외자 기업 모두가 동일한 기준을 적용받게 했다. 그동안 외자 기업에 부여했던 세제 혜택을 없앤 것이다.

또한 신노동법 시행으로 노동시장의 유연성이 사라지게 된다. 사용자의 귀책사유로 인한 경제 보상금 지급 조항을 신설함으로써 노무관리에 대한 부담을 가중시켰다.

거기다가 그해 몰아친 미국발 금융 위기는 이중고를 겪고 있던 외자기업에게 엎친 데 덮친 격이었다. IMF 외환 위기 시절에는 한국을 비롯한 동남아 몇몇 국가에 한정된 경제 위기였다. 이때 미국은 긍정적이든 부정적이든 소방수 역할을 했다. 하지만 2008년 금융 위기 시절에는 미국마저 자기 발등의 불을 먼저 꺼야 했기 때문에 소방수 역할을 할 국가나 기관조차 없었다. 세계 최대의 소비 시장이었던 미국 시장에서 주문량이 격감함에 따라 가공무역이 대부분이었던 중국 진출 기업은 큰 위기에 봉착하게 되었다.

10년 전처럼 마음대로 떠날 수도 없었다. '경제 보상금'* 지급과 기업 청산법에 따른 비용과 시간이 발목을 잡았기 때문이다. 이런 부담을 감당하기 힘들었던 기업은 무단 철수를 감행했고 중국발 '야반도주'라는 용어가 본격적으로 등장하게 되었다.

이런 어려움 속에서도 남아 있던 중국 진출 기업은 구조 조정의 일상화, 유동성 확보 등의 중요성을 인식함으로써 위기관리 능력을 키웠다. '공짜 점심은 없다'는 것을 톡톡히 학습한 셈이다. 나름대로의 생존법을 통해서 금융 위기를 잘 극복한 중국 진출 기업은 성공 가도를 달리는 듯했다.

하지만 좋은 시절은 10년을 넘기지 못했다. 사드 문제가 들이닥친 것이다. 사드는 '중국 대탈출'의 새로운 신호탄이 되었다. 중국의 기술력은 이미 외자 기업을 위협할 만큼 성장해 있었고, 새로운 시장을 만들어 낼 업종은 쉽게 나타나지 않았다. 각 분야에서 중국 토종 기업이 두각을 나타냄에 따라 외자 기업이 설 자리가 줄어들고 있다.

---

* 사용자의 귀책사유로 인해 노동계약을 해지하는 경우, 6개월 미만의 경우 반 개월분, 6개월 이상 1년 이하는 1년분의 임금을 경제 보상금으로 지급해야 한다. 1년 이상인 경우 1년에 1년분씩의 임금을 경제 보상금으로 지급한다. 하지만 만약 근로자의 임금이 전년도 지역 근로자 평균임금보다 3배 이상 높을 경우, 경제 보상금의 기준은 근로자 평균임금의 3배로 계산하며, 최대 받을 수 있는 기간은 12개월분으로 제한한다.

# 왜 야반도주를 택하는가

흔히 '중국은 들어오기는 쉬워도 나가기는 어려운 나라'라고 한다. 까다로운 법규로 인해서 웬만한 기업은 청산 절차를 따르기가 힘들기 때문이다. 청산에 따른 비용과 시간을 견디지 못하고 도망치듯 떠나는 기업을 보고 언론에서는 '야반도주'라고 부른다.

이들이 무단 철수의 유혹으로부터 벗어나기 힘든 이유는 무엇일까? 이들이 무책임하고 부도덕한 기업가이기 때문일까? 자세히 들여다보면 중국의 청산 제도는 외자 유치 때의 시스템에 비해 매우 복잡하고 경직되어 있음을 알 수 있다.

첫째, 청산 절차가 너무나 복잡하다. 투자 유치를 위해서는 전담 요원을 두어 파격적인 지원을 한다. 정부에서 회사 설립 업무를 사실상 대행해준다. 그러나 외자 기업이 청산을 할 때는 해당 기업에서 세관, 세무, 노동, 사회보험 등을 관할하는 모든 기관으로부터 철수 절차를 직접 거쳐야 한다. 비용은 물론 전담할 인력 문제도 감당하기 힘들다. 경영 상태가 나빠져서 철수를 결정한 기업에 청산에 필요한 인력이 남아 있을 리 만무하다.

둘째, 소요 시간이 너무 길다. 법규상 심사비준기한이 정해져 있지만 실제 업무를 진행하는 과정에서 자료 보완을 이유로 청산 절차를 지연시키는 경우가 많다. 외자 기업 철수는 지방정부의 세원 감소, 주민들의 실업 문제 등을 야기하기 때문에 불필요하게 시간을 끈다. 청산에 소요되는 시간이 1년은 기본이다. 여기에 따른 비용 부담은 기업의 몫이다.

거기다가 중국의 세무 공무원들은 한국 기업이 어떤 분야에서 관리가 취약한지 잘 알고 있다. 아무리 관계가 좋은 세무 공무원일지라도 철수를 앞둔 상황에서는 규정상 모호한 사항을 더 이상 기업 측에 유리하게 해석해 주지 않는다. 세무조사 기간이 길어지고 적발 사항이 많아지면서 기업은 당황하게 된다. 회계와 세무 시스템이 허술한 소규모 기업은 더욱더 그렇다. 이런 상황이 되면 청산 작업을 돕던 직원들도 술렁이게 되고 사장은 홀연히 회사를 떠나고 싶은 충동을 느끼게 된다.

셋째, 실제 경영 기간이 10년 미만일 경우 그동안 중국 정부로부터 받았던 외자 기업 혜택을 반환해야 한다. 다행히도 '2면3반감' 정책은 2008년부터 폐지되었기 때문에 2018년 이후에 철수하는 회사는 이 조항으로부터 자유롭다. 그러나 중국 정부는 외자 기업에 대한 특혜 조항을 국세에 대해서만 2008년부터 폐지했다. 거의 대부분의 지역에서 외자 기업에 대한 지방세 혜택은 2010년 말까지 유지했다. 엄격히 계산하면 '지방세 혜택 반환' 조항은 2020년 연말까지 유효한 셈이다. (외국자본이 25퍼센트 이상 유지되어야 하며, 생산성 업종을 10년 이상 유지한 경우만 반환에 대한 예외 조항을 두고 있다.)

　더 큰 문제는 일부 지방에서는 청산 절차 초기에는 이런 조항에 대해 언급이 없다가 진행 과정에서 제동을 건다. 그렇다고 해서 청산 기업 측에서 이런 문제를 앞서서 거론하고 반환해야 할 세금 문제를 먼저 문의하는 것은 자살행위나 다름없다. 비는 오는데 우산까지 뺏기는 꼴이 될 수 있기 때문이다. 철수 기업이 가장 우려하는 상황이다.

　마지막으로 신노동법에 따른 경제 보상금 지급 문제다. 중국 철수를 결정하는 기업은 수익 측면에서 이미 한계에 이른 기업이다. 그럼에도 불구하고 종업원들이 고용 종료를 이유로 무리한 경제 보상금을 요구하는 경우, 기업은 이중고를 겪게 된다. 중국의 경제 보상금은 한국의 퇴직금 조항과는 다소 차이가 있다. 보상금 문제가 발생할 경우 십중팔구 정부는 분쟁에서 발을 뺀다. 법적 소송으로 간다고 해도 기업이 이길 재간이 없다.

　중국에 진출한 상당수의 중소기업은 생산, 영업, 기술 위주로 한국 인력을 유지해 왔다. 그러나 청산 절차에 들어가면 노무, 세무 등의 전문 인력이 필요함을 인식하게 된다. 앞에서 언급한 사항을 파악하고 나면 사전 준비의 필요성을 알게 된다. 그러나 그때는 이미 늦다. 거기다가 청산에 필요한 시간과 비용을 계산해보면 무단 철수의 유혹을 느끼게 된다. 많은 기업이 억울함을 가슴에 안고 빈손으로 중국을 떠나는 것은 바로 이 같은 청산 과정 때문이다.

# 떠나는 그들,
# 울고 싶어라

2018년 10월, 상하이는 유독 날씨가 좋았다. 쪽빛 가을 하늘을 접할 때면 미세먼지는 남의 나라 얘기 같았다. 그런 날씨를 예측이나 한 듯, 과거 10여 년간 함께 비즈니스를 했던 미국인 친구가 은퇴 후 몇 년 만에 상하이에 찾아왔다. 그의 일정에 맞추느라 평일에 상하이 인근 골프장을 찾았다.

클럽 하우스 앞마당에 당도하니 한국어 안내 방송이 들려왔다. 요즘 같은 철수 분위기에 한국인들이 평일에 단체로 골프를 한다는 것은 상상도 못할 일이었다. 프런트에 물었다. 240명이 참가하는 전 중국 조선족 골프 대회가 개최된다고 했다. 순간 입을 다물지 못했다. 달라진 조선족의 위상은 익히 알고 있었지만 그 정도 네트워크를 형성하고 있을 줄은 미처 몰랐기 때문이다.

격세지감이다. 그들의 출발은 초라했다. 20여 년 전 대부분 중국 둥베이지방 지린성과 헤이룽장성 출신인 조선족들은 한국 기업에서 통역

업무를 하면서 사회생활을 시작했다. 주재원이 교체되면 조선족은 새로 영입되는 한국인 직원과 함께하는 시간이 길어진다. 유대 관계도 돈독해지고 주재원으로부터 일처리 능력도 전수받는다. 기업의 현지화 정책으로 그들은 한국인의 빈자리도 차지하게 된다. 가끔은 협력 업체를 설립해서 독립하는 경우도 있다. 물론 한국인 직원들의 전폭적인 지원이 뒤따라야 가능하다. 이날 골프 대회에 참석한 대부분의 조선족들은 이와 유사한 인생 스토리를 가지고 있을 것이다.

2017년 연말, 동종 업계 K사장은 사드 여파, 원가 상승 압력, 바이어와의 관계 등을 고려해서 중국 시장 철수를 결정했다. 정해진 노동법에 따라 종업원들에게 경제 보상금을 지급하고 기계, 설비 등을 철거하고 있었다. 그러던 어느 날, 조선족 J부장을 포함한 현지인 관리자 몇 명이 K사장을 찾아왔다. 남은 자재를 자신들에게 넘겨주고 지금 철거 중인 기계 설비를 임대 형식으로 빌려주면 공장을 다시 가동해 보겠다고 제의했다.

'기업 경영이라는 것이 어깨 너머로 보던 것 같이 그렇게 간단한 것이 아니다', '지출을 늘리는 것은 쉬워도 규모를 줄이는 것은 힘들다' 등등 갖은 이유를 들어서 만류했지만 그들은 막무가내였다.

그들의 입장에서는 철거되는 설비가 아까웠을 것이고 내심 이런 기회를 이용해서 인생 역전을 시도하겠다는 속마음도 있었을 것이다. K사장은 10년, 20년을 함께한 직원들의 요청을 계속 거절할 수도 없었다. 중국 진출 초기에 그들이 없었다면 더 큰 시행착오를 겪을 수도 있었기에 어떤 식으로든 빚을 갚고 싶은 마음도 있었다.

하는 수 없이 K사장은 고문 형식으로 멀리서 지켜보기로 하고 공장과 기계 설비를 공장 매각 전까지 빌려주기로 했다. 그들은 일정량의 내수 주문을 유치했고 영업집조(사업자등록증)를 받는 일도 일사천리로 진행했다.

가끔 일 처리가 매끄럽지 못한 면도 눈에 띄었지만 K사장은 처음에 정한 선을 넘지 않고 묵묵히 지켜보았다. 새로 시작하는 J부장의 자존심도 지켜 주어야 했지만 지나치게 깊이 관여했다가는 책임도 클 터였다. J부장은 자리도 잡기 전에 허세를 부리는 모습을 간혹 보였지만 K사장은 의도적으로 피했다. 그러다 보니 K사장은 회사를 찾는 일이 줄어들었다. 관련 정보도 가급적 멀리했다. 2018년 여름, 오랜만에 한국에서 긴 휴가를 보냈다. 처음으로 맛보는 휴가였다. 그런데 충격적인 소식이 날아들었다. 넘겨주었던 자재를 매각 처분하고 조선족 J부장이 야반도주를 했다는 것이었다. 급히 회사로 돌아와 보니 전기, 수도 등 밀린 공과금 청구서만 K사장을 기다리고 있었다.

어쩔 수 없었던 것인지, 처음부터 악의가 있었던 것인지, 숱한 의혹만 꼬리를 물 뿐 아무런 답을 찾지 못했다. 그사이 조선족 J부장은 K사장의 무한 신뢰를 저버리고 가족과 함께 한국으로 도주했다. 주변에서는 왜 한국에 가 있는 J부장을 찾지 않느냐고 그에게 물었다.

"글쎄요. 돈보다는 20년 동안 함께한 직원을 잃어버린 것이 더 가슴 아프네요. 차라리 도움을 요청하고 청산 절차를 도와주었더라면 하는 아쉬움이 남네요."

공장을 상대로 한 이런 일이 흔치는 않다. 그러나 자영업자에게는 비숫한 경우가 차고 넘친다. 중국에서는 외국인이 식당, 카페 등을 운영하기 쉽지 않다. 대부분의 지방에서 외국인에게는 영업허가를 내주지 않기 때문이다. 그래서 울며 겨자 먹기 식으로 친분이 있는 조선족 명의로 영업허가증을 취득한다. 법적 대표는 조선족, 자금 투자는 한국인, 이런 경우 십중팔구는 아름다운 이별을 기대할 수 없다.

이날 골프 대회에 참가한 대부분의 조선족은 성실하게 노력한 교포들이었을 것이다. 그러나 자신의 잇속 차리기로 한국인을 이용하는 사람들도 종종 있다. 앞에서 얘기한 J부장도 단순히 운이 나빠서 그렇게 된 것일까?

그해 가을에는 '야반도주'라는 오명을 쓰고 쓸쓸히 중국을 떠난 한국인이 유독 많았다.

# 달도 차면 기우는 법

"또 일방 폐업 후 외국인 사장 도주"

이런 신문 기사를 접한 독자 대부분은 중국의 어느 지역에 있는 외국 기업이 경영난을 극복하지 못하고 야반도주를 했구나 하고 생각할 것이다. 그런데 이런 일이 지금의 중국에서만 일어난 것은 아니다. 80년대 후반, 90년대 중반까지 한국의 마산 수출자유지역에서 흔히 있었던 일이다.

70년대 초반부터 한국 정부는 외자 유치의 일환으로 몇몇 지역에 수출자유지역을 설치하여 그곳에 투자하는 외자 기업에게 세제 혜택 등 특혜를 주었다. 경제성장을 위한 불가피한 조치였다. 이런 우대 정책 덕분에 외자 기업은 승승장구했다. 저임금에 한국인들의 뛰어난 손기술까지 더해져 한국에 투자했던 외자 기업, 특히 일본 기업은 날개를 달았다.

80년대 후반부터 외자 기업은 어려움을 겪는다. 지금까지 경험해보지 못한 새로운 경영 환경을 맞이하게 된 것이다. 민주화의 싹이 움트면서 노동3권 보장에 가파른 임금 인상까지, 봇물 같은 요구가 쏟아졌다. 변화된 경영 환경을 견디지 못한 외자 기업은 야반도주라는 방법을 선택하기도 했다. 노동조합에서는 도주한 기업주를 찾기 위해 일본 방문까지 불사했다.

그때를 돌이켜 보면 지금 중국 정부에서 요구하고 있는 환경 개선, 안전 등에 따른 기업의 사회적 책무 등은 너무도 당연하다. 자국 산업 보호를 위해서 경우에 따라 이중 잣대를 적용하는 것은 이해하기 힘들지만 수긍해야 한다. 이제는 때가 되었기 때문에 외자 기업을 뿌리째 흔들고 있는 것이다. 역차별 논란도 시기가 되었기 때문에 일어나는 현상이다.

그런데 좀 더 자세히 들여다보면 진짜 변화는 안에서 일어나고 있다. 중국에는 벌써 자율 주행 기술을 활용한 무인 배송 차량이나 로봇이 대거 등장하고 있다. 차량과 로봇에는 배송함이 있고, 배송함 잠금장치는 받는 사람이 얼굴 인식이나 앱 인증으로 열 수 있다. 전자상거래업체는 반경 5킬로미터 안에서 자율 배송이 가능한 시스템을 안착했단다. 음식 배달 플랫폼을 운영하는 업체도 앱으로 음식을 주문하면 무인 배송 차량이 실어 가고, 앱을 통해 배송함을 열어 음식을 꺼내는 방식을 시험 가동 중이다. 드론 기술은 이미 세계 최고 수준이다.

중국의 대학도 발 빠르게 움직인다. 35개 대학에 AI학과를 신설한단다. 101개 대학엔 로봇공정 학과를 신설하고 203개 대학엔 빅데이터 기술학과를 세울 계획이라고 한다. 변화의 속도가 너무 빠르다.

그런데 지금 우리는 어떤가? 인터넷에 정보가 차고 넘치는데도 고집스럽게 아날로그 방식을 선호하지는 않는가? 화상회의가 자리를 잡아가는데도 아직 회의실에 모여서 위세를 부려야 권위가 살아 있음을 느끼지는 않는가? 이런 식의 관리로는 ICT 지식으로 무장한 중국의 젊은 기업을 따라갈 수가 없다. 변화의 속도를 따라잡기가 버겁다고 고백해야 한다.

모든 산업에는 주기가 있다. 기업은 보다 나은 경영 환경을 찾아서 부단하게 이동하는 철새의 DNA를 지니고 있다. 기업들 다 죽는다면서 '탈중국' 소리가 나온 지도 10년이 넘었다. 남의 나라, 남의 땅에서 영원히 군림할 수는 없는 법, 떠난 업종의 공백을 새로운 산업이 메운다. 주변 여건이 이쯤 되면 중국에서 돈 좀 벌었다고 자랑하는 사업가보다는 종업원들에게 존경받을 만한 사장으로 남는 쪽이 낫지 않을까?

그들은 우리가 빈손으로 떠나기를 원하는지도 모른다. 그러나 야반도주라는 오명보다는 웃으면서 떠날 수 있도록 철저한 준비와 깨끗한 뒷마무리를 하는 쪽이 백배 낫다. 그동안 함께 땀 흘린 종업원들에 대한 경제 보상금과 납품 업자들에게 지급해야 할 대금만은 깨끗이 정리해야 한다. 30여 년 전 우리가 일본인 기업주에게 당했던 배신감을 중국에 남겨서는 안 된다. 우리 자식 세대에게 중국은 어떤 곳이 될지 알 수 없기 때문이다. 달도 차면 기운다. 우리 세대가 떠난 빈자리는 또 다른 보름달이 메울 것이다.

CHINA BUSINESS INSIGHT

# PART 3

## 생각보다 차이 나는
## 차이나

# 미중 무역전쟁은
# 모순의 이중장부

# 반복되는 아편전쟁 데자뷔

역사가 반복되는 것은 너무나 당연한 일일지도 모른다. 한번 일어났던 사건이 비슷한 궤도로 되풀이되는 경우를 종종 본다. 전 세계를 긴장시키고 있는 미중 무역전쟁의 진행 과정을 보고 있으면 170여 년 전 아편전쟁에 관한 역사 교과서를 다시 보는 느낌이 든다.

아편전쟁도 지금의 미중 무역전쟁과 마찬가지로 무역수지 불균형 문제로 시작됐다. 처음부터 영국은 청나라 시장을 '황금 알을 낳는 거위'로 생각했다. 그런데 청나라의 시장 개방 이후 오히려 영국은 무역 적자가 쌓여 갔다. 영국은 인도의 면직물 등을 중국 시장에 내놓았지만 값싼 노동력을 바탕으로 생산된 중국산 면직물을 당해낼 재간이 없었다.

이에 반해 청나라는 차(茶) 수출로 영국인의 입맛을 사로잡았다. 차가 영국인의 생필품이 된 것이다. 수출 대금은 당시의 기축통화 역할을 하던 은(銀)으로 결제됐다. 이로 인해 영국 정부는 심한 재정 압박을 받는다. 여기서 영국을 미국으로 바꾸고 은을 달러로 바꾸면 현재의 미중 무역전쟁이 한눈에 들어온다.

그렇다면 협상 진행 과정은 어떨까? 영국은 차 수입 대금으로 지불할 은이 부족해지자, 인도에서 재배한 아편을 청나라에 밀수출하여 그 대금으로 은을 받았다. 아편 유입으로 인해 청나라의 농촌 경제는 파탄이 났고 은 유출로 인해 국가 재정도 궁핍해져 갔다. 영국은 무역수지 불균형 개선을 위해 광저우 외 추가 무역항 개방을 줄기차게 요구했지만 청나라는 영국의 요구를 묵살했다. 이와 같은 당시 상황은 미국의 재정 적자, 무역 불균형, 추가 개방 요구, 미중 협상 분위기와 시장 개방에 대한 입장 차이 등 지금의 상황과 너무나 흡사하다.

당시의 국제 정세도 지금과 별반 차이가 없는 듯하다. 아편전쟁은 1, 2차 두 번에 걸쳐서 발발했는데 1차는 영국과 청나라 간의 전쟁이었다. 하지만 어떤 역사가는 청나라의 폐쇄적 무역 시스템 때문에 영국이 아니더라도 미국, 프랑스, 독일 등 열강에 의해 전쟁이 일어났을 것이라고 분석했다. 실제로 제2차 아편전쟁엔 다른 열강도 가세했다. 청나라 대 영국·미국·프랑스·러시아 등의 동맹 구도로 진행됐다. 그때만 해도 청나라는 자국이 중심국이고 주변 국가는 조공을 바치는 변방국 정도로 취급했다. 이해관계 속의 동맹이라는 개념 자체가 없었다.

미중 무역전쟁이 발생하자 중국산 5G 통신 장비 도입에 대한 반(反)화웨이 동맹 결성, 도움을 요청한 중국 최고 지도자에 대한 유럽의 외면, 주변 아시아국을 위협하는 중국의 일대일로 정책 등은 170여 년 전의 상황과 크게 다르지 않다.

흔히 아편전쟁으로 불리는 청나라와 영국 간의 무역전쟁은 제1차 중영 전쟁이다. 전쟁의 빌미가 된 것이 아편이었기 때문에 일반적으로는 아편전쟁이라고 부른다. 아편전쟁이 처음 시작됐을 때 청나라 조정은 영국의 목적이 단순히 몰수당한 아편을 돌려받는 것이라고 생각했다. 일시적인 분쟁 정도로 상황을 낙관했다. 하지만 영국은 청나라의 아편 몰수와 아편 무역 금지령을 빌미로 막강한 함포 사격을 동원해서 2년간 전쟁을 이어 갔다. 청나라는 전쟁에서 패한 뒤 홍콩의 양도, 상하이 등 5개 항구 개항, 관세 폐지 등 자존심을 송두리째 짓뭉개버린 난징조약 에 서명할 수밖에 없었다. 이로부터 100년 동안 중국의 정치 경제는 혼 란에 빠지게 된다.

실제로 중국은 아편전쟁의 결과 서양의 상품 시장 또는 원료 시장으 로 전락하게 되었다. 특히 외국 상품에 대한 통관세 폐지는 중국 경제에 큰 타격을 입혔다. 이로써 중국은 세계 자본주의 체제 속에 종속적 시장 으로 편입되는 반(半)식민지화의 길로 들어섰다. 홍콩을 약 150여 년간 영국의 식민지로 내주어야 했으며 정치적으로도 극심한 이념 대결로 혼 란에 빠지는 등 혹독한 대가를 치렀다.

아편전쟁은 단순한 아편만의 문제가 아니라 동서양 문명의 충돌, 더 나아가 세계 질서의 주도권 싸움이었다. 중국은 이 전쟁을 역사상 가장 부도덕하고 치욕적인 전쟁으로 기억하기 위해서 아편전쟁 박물관을 건 립했다. 아편의 상흔을 잊지 말자는 의미에서 부러진 담뱃대를 형상화 한 조각상도 공원 한복판에 전시했다.

미국과 지적재산권 그리고 불공정 무역을 놓고 벌이는 무역전쟁에 대 한 중국인들의 자세는 사드사태 때의 격한 행동과는 너무나 다르다. 만

나는 중국인마다 지나칠 정도로 침착하고 차분하다. 내심으로 '아직은 아니다' 하면서도 중국인들의 결의만큼은 현대판 아편전쟁을 치르는 느낌이다. 속내를 잘 드러내지 않는 본래의 모습이 요란했던 사드사태 때보다 오히려 무섭게 느껴진다. 어느새 중국 경제와 '커플링(coupling)'* 화 되어버린 우리로서는 작금의 무역전쟁이 현대판 아편전쟁, 또 다른 문명의 충돌로 번지지는 않을까 걱정이 앞선다.

---

* 한 국가의 경제 상황이 다른 국가의 경제 상황에 큰 영향을 미치는 현상을 가리키는 경제 용어다. 예컨대 특정 국가의 주가나 금리, 환율 등이 상승, 하락할 때 다른 국가도 이와 비슷한 현상을 보이면 '두 국가가 커플링화됐다'고 표현한다. 특정 국가에 수출입을 많이 의존할수록 커플링 현상이 발생할 가능성이 높다.

# 대륙의 실수,
# 슈퍼 차이나

2017년 5월, 베이징의 한 대학에서 그 대학에 유학 중인 20여 개국의 청년들에게 중국에서 자국으로 가져가고 싶은 기술을 묻는 설문 조사를 했다. 그 결과 공유 자전거와 고속철, 모바일 결제, 전자 상거래 등이 상위권에 올랐다. 이때부터 중국 언론에서는 고대 중국의 4대 발명인 종이, 인쇄술, 화약, 나침판에 견주어 이를 '신4대 발명'이라고 선전하기 시작했다. 공유 자전거는 중국 도시민들의 일상에서 없어서는 안 될 필수품이 된 지 오래다. 중국 전역에 거미줄처럼 연결된 고속철은 중국 현대화의 상징처럼 보인다. 전자 상거래와 모바일 결제도 중국인들 생활 속에 깊숙이 자리 잡았다.

이 이야기를 들으면 이 4가지 기술이 중국에서 처음 시작했거나 발명된 것으로 착각하기 쉽다. 하지만 공유 자전거는 네덜란드(1960년대), 고속철은 일본(1964년 신칸센)에서 각각 시작됐고, 모바일 결제는 핀란드(1997년)에서 출현했으며 전자 상거래(1997년)는 영국인 마이클 올드리치가 발명한 것으로 알려져 있다.

이와 같이 중국 언론이 내세우는 신4대 발명 중에서 원천 기술이 중국에서 시작된 것은 하나도 없다. 외적으로는 중국이 G2 반열에 올랐음에도 기술적으로는 특별히 내세울 게 없다. 중국 정부는 원천 기술 부족이라는 현실을 타개하기 위해 양적 성장에만 집중해 왔던 정책을 혁신 역량이 가미된 질적 성장 중심의 '제조 강국'이 되고자 바꾸고 있다. 그 대표적인 정책이 몇 년 전부터 시행한 '제조 2025' 프로젝트다.

'제조 2025'는 2015년 3월 전국인민대표대회에서 리커창 총리가 처음 언급한 미래의 중국 제조업 청사진이다. 구체적으로는 2025년까지 핵심 소재·부품 70퍼센트를 자급자족하여 3등급 국가(영국, 프랑스, 한국)를 넘어서며, 2035년에는 2등급 국가(독일, 일본)를 제친 뒤 건국 100주년이 되는 2049년에는 미국까지 추월하겠다는 야심 찬 계획을 담았다. 이를 위해 반도체·IT, 로봇, 항공 우주, 첨단 철도, 친환경차 등 10대 전략 육성 산업을 선정했다. 사실상 '슈퍼 차이나' 프로젝트다.

이 프로젝트를 탄생시킨 리커창 총리의 '볼펜 심' 일화는 너무나 유명하다. 중국은 전 세계 볼펜 공급량의 80퍼센트(한 해 400억 개)를 생산하는 볼펜 생산 대국이지만 핵심 기술인 볼펜 심은 만들지 못해 90퍼센트를 일본, 독일 등에서 수입했다. 비행기와 자동차는 만들면서 정작 고강도 스테인리스강 볼펜 심을 만들지 못해 수입에 의존하는 아이러니한 현실을 질타했다. 그 이후 중국 업체들이 집중 연구 개발한 끝에 중국산 볼펜 심용 스테인리스강으로 100퍼센트 자국산 볼펜을 만드는 데 성공했다.

이를 계기로 중국 정부는 자신들의 낮은 기술력에 대한 뿌리 깊은 콤플렉스를 극복할 수 있다고 판단하고 기술 강국 실현을 위해 더욱 공격적으로 '제조 2025'를 밀어붙였다. 그 결과 IT업종을 중심으로 첨단 분야의 미국 기업과 마찰이 발생했다. 중국 시장을 내주는 대가로 기술이전을 요구하거나, 거대 자본으로 고급 정보를 빼돌리는 등 미국으로서는 받아들이기 힘든 기술 절취 행위가 곳곳에서 일어났다. 특히 화웨이를 비롯한 통신 장비 분야에서 시작된 지적재산권 갈등과 스파이 논란이 그 대표적 예다.

이와 같이 제조업 강국이란 야심을 실현하기 위해 시작한 중국의 '제조 2025' 프로젝트는 미국의 불쾌감과 불안감을 키운 결정적인 계기가 됐다. 무역전쟁의 전주곡이 된 셈이다.

중국은 2000년대 중반부터 '유소작위(有所作爲, 해야 할 일은 적극적으로 나서서 이룬다)'* 전략을 펴 왔다. 하지만 이는 미국의 패권에 중국이 도전하는 것으로 인식되었고 미중 무역전쟁의 불씨가 됐다.

하지만 중국은 이번 기회에 많은 것을 배웠을 것이다. 중국이 미국에게 맞짱을 뜨려 했으나 막상 한국 같은 주변국은 물론 유럽연합(EU) 등 세계 많은 나라가 중국과 손잡기를 노골적으로 거절하는 분위기였기 때문이다. 중국은 이를 통해서 세계 최강국이 되기 위해서는 주변국을 적으로 만들면 안 된다는 것을 깨달았을 것이다.

---

* '도광양회'를 기본으로 하던 중국은 2003년에 '평화를 유지하며 우뚝 선다'라는 뜻의 화평굴기를 외교 노선으로 채택했다. 이때부터 국제정치에서 목소리를 높이기 시작했는데, 궁극적으로는 중국의 국익을 극대화하기 위해서 적극적이고 공세적인 외교정책을 펼치겠다는 뜻이다.

또한 중국 정부는 '물가보다 관리하기 어려운 것이 민심'이란 사실도 알게 되었을 것이다. 무역전쟁의 장기화는 경기 침체를 낳고 그것은 곧 민심 이반으로 이어질 것이기 때문이다.

사드사태와 무역전쟁을 보면 지금 중국은 모순의 이중장부를 작성하고 있는 것은 분명해 보인다. 그래서인지 중국 지도부와 관영 언론의 요란한 대응과는 달리 일부에서는 덩샤오핑의 '도광양회'로 돌아가자는 분위기다. 상황이 이렇게 전개되자 기업인들을 중심으로 중국이 샴페인을 너무 일찍 터뜨려 위기를 자초했다는 자성론이 일고 있다.

# 무역 대장정,
# 자신감? 위기감?



**트럼프** 중국은 우리를 고갈시키고 있다. 우리 돈을 빼앗아 자기 나라를 재건하고 제트기를 만들고 다리를 건설하고 있다. 완벽하지 않더라도 어느 정도는 공정해야 한다.

**시진핑** 중국 경제는 작은 연못이 아니라 큰 바다다. 큰 바다는 잔잔할 때도 있고 비바람이 거셀 때도 있다. 비바람이 없다면 큰 바다라고 할 수 없다. 비바람이 연못을 뒤집을지는 몰라도 바다를 뒤집지는 못한다.


팽팽한 기 싸움 단계를 넘어 총성 없는 전쟁이 시작됐다. 미국은 '아메리카 퍼스트'를 외치고 중국은 '왜 잠자는 사자를 깨웠느냐'는 식이다.

중국은 특정 국가와 분쟁을 겪을 때마다 대응하는 패턴이 동일하다. 우선 최고 지도자가 분위기를 띄운다. 관영 언론의 '용비어천가'가 뒤따른다. 민족주의를 앞세운 불매운동으로 전국이 들끓는다. 사실상 충성 경쟁이 이어진다. 거대한 시장의 힘으로 때로는 자원을 무기로 상대방을 굴복시킨다.

사드사태 때의 불매운동과 2010년과 2012년 동중국해에서 댜오위다오(釣魚島, 센카쿠 열도) 영유권 분쟁을 벌였을 당시 일본에 '희토류'* 수출을 중단하는 보복 조치를 취했던 것이 대표적이다.

사실 이번 미국과의 무역전쟁은 전개 과정이 특이하다. 미국이 먼저 관세 폭탄을 예고하면 중국이 따라 하고, 미국이 관세를 부과하면 중국도 똑같은 비율의 관세로 응수하는 등 '랠리'가 계속됐다.

중국 정부의 대응은 점점 커져 갔다. 이번 기회에 거대한 내수 시장을 키워서 미국 시장을 대체하겠다는 계획을 내놨다. 수입관세 인하 등 내수 시장 확대를 위한 정책에 이어서 급기야는 위안화 가치 하락을 묵인하는 환율 정책을 펴기 시작했다. 개인소득세는 물론 영세기업 소득세와 증치세까지 인하하는 등 여러 가지 정책을 쏟아 냈다.

그러나 아무리 중국 내수 시장이 크다 하더라도 수출 위주의 국가 경제를 당장에 내수 중심으로 전환하는 것은 불가능했다. 무역전쟁이 양국 간의 자존심 전쟁으로 비화되자 심상치 않은 조짐이 나타나기 시작했다. 상당수의 수출 기업이 자금 압박에 휘청거렸다. 거기다가 눈치 빠른 다국적기업은 거래선을 동남아로 옮기기 시작했다. 사실 다국적기업만큼 눈치 빠른 집단은 없다. (약 30년간 우리와 거래하던 미국 회사도 무역

---

* 자연계에 매우 드물게 존재하는 희귀한 금속 원소라는 의미를 지닌 물질로 열과 전기가 잘 통하기 때문에 전자, 광학, 초전도체 등에 쓰인다. 중국은 세계 희토류 생산량의 90퍼센트 이상을 차지한다. 미국 역시 수입 희토류의 약 80퍼센트 이상을 중국에 의지한다. 미중 무역전쟁이 격화되면서 중국의 희토류 수출 중단 카드가 논란이 되었다.

전쟁을 계기로 2017년 말에 중국에서 철수해 베트남을 비롯한 동남아 소재 공장으로 거래선을 옮겼다.)

과거 100년 동안 군림했던 미국이란 '제국의 힘'을 중국의 의지만으로는 꺾을 수 없었다. '아메리카 퍼스트'라는 강편치에 14억 중국인이 맥을 못 추는 형국이 되어버렸다. 상황이 이렇게 전개되자 양국 간에 선전포고(?)가 있은 지 일 년도 채 되지 않은 2018년 가을부터 중국은 이상하리만큼 조용해지기 시작했다. 결사 항전의 의지는 사라져버렸다. 그렇게 기세등등하던 언론은 말할 것도 없고 지방정부 관리는 물론, 일반 국민들도 모두가 약속이나 한 듯 침묵 일변도에 접어들었다. 중앙정부는 자유무역, 공정 무역만 외치고 있었다.

그러던 중국의 태도가 최종 협상이 결렬된 2019년 5월 갑자기 돌변했다. CCTV(중국 국영방송) 메인 뉴스에서는 앵커가 "5천 년 동안 온갖 비바람을 겪은 중화 민족이 어떤 상황인들 안 겪어 봤겠나?"라면서 사실상 반미감정과 민족주의를 자극하며 결사 항전의 의지를 부추겼다.

중국이 강경 입장으로 돌아선 이유는 무엇일까?

2019년은 중국 건국 70주년이 되는 해다. 지금까지와 같이 중국이 계속해서 샅바 싸움에서 미국에게 밀리는 인상을 줄 경우, 권력 유지에도 영향을 미칠 것으로 판단했을 것이다. 그렇기 때문에 위험을 감수하고라도 시진핑 국가 주석이 미국에 당당하게 맞서는 모습을 보여줌으로써 애국심을 고취하고 본인의 정치적 입지도 다지려는 의도가 엿보였다. 경제도 악화되고 있는 상황에서 자칫 미국에 굴복한 모습으로 비쳐질 경우 입게 될, 정치적 타격을 우려한 것이다.

여론전을 통해서 민족주의에 호소하는 방식은 사드사태 때와 똑같았다. CCTV에서는 황금 시간대에 6.25전쟁 중국 참전을 소재로 한 선전 영화가 방영되는가 하면, 일본 제국주의에 맞서 만든 노래를 개사한 대미 항전가까지 급속히 퍼졌다. 사드 갈등으로 한국 연예인 출연과 한국 드라마 방영이 전면 금지된 '한한령'과 같이 '한미령'을 조장했다. 위챗 등 SNS에는 무역전이라는 명분으로 미국산 불매운동을 전개했다.

이런 상황에서 시진핑 국가 주석이 희토류 공장을 전격 방문하고 홍군의 대장정 출발지인 장시성 위두 현에 있는 대장정 출발 기념비에 헌화했다. 희토류 보복 카드를 암시하면서 미국에 물러서지 않겠다는 전의를 다졌다는 것이다.

하지만 80여 년 전 공산당 혁명 1세대들이 결의를 다졌던 공산당 대장정* 때와 같은 효과를 기대하기는 힘들 것이다. 일반 국민들의 지속적이고 전폭적인 지지가 따라야 성공할 수 있는데 요즘 젊은 세대들은 민족주의 성향을 보이긴 하지만 개성만큼은 독특하다. 미국식 문화와 상품에 익숙해질 대로 익숙해져 있는 젊은이들에게 반미 외침이 얼마나 위력을 발휘할지 의문이다. 특히 무역전쟁 장기화로 경기 침체가 심화되면 극심한 빈부 격차를 감내하며 살아온 계층의 반발이 커질 수도 있다. 지나친 민족주의는 양날의 검이 될 수 있다.

---

* 1934~35년, 중국 홍군이 국민당의 토벌을 피하여 장시성 위두 현에서 출발해서 18개의 산맥을 넘고 24개의 강을 건너 산시성 옌안까지 이동한 행군을 말한다. 이후 공산당은 옌안을 근거지로 항일전과 국공내전(국민당과 전쟁)에서 승리할 수 있었고 결국은 장제스군을 타이완으로 몰아내 중국 본토를 통일하게 된다.

중국에 오래 살다 보면 이런 우연도 자주 접한다. 일본과 동중국해에서 댜오위다오 영유권 분쟁으로 반일감정이 극에 달했던 2010년 가을은 시진핑이 중국 공산당 중앙군사위원회 부주석으로 선출됨에 따라 사실상 중국의 차기 국가 주석으로 확정된 때다. 일본 제품 불매운동이 중국 전역을 휩쓸었던 2012년 가을은 공교롭게도 시진핑이 당 총서기 및 당 중앙군사위 주석에 선출된 때다.

2018년 3월에는 전국인민대표회의에서 국가 주석의 임기 제한 규정이 폐지되고 시진핑 사상이 헌법에 추가된 신중국헌법이 개정됐다. 시진핑 국가 주석이 '중화 민족의 영웅'으로 기록될 초석을 다졌다는 평가를 받고 있는 신헌법이 개정되고 나서 사드사태는 기다렸다는 듯이 잠잠해졌다. 정치적 고비마다 반일, 반한감정을 불러와서 애국심을 고취하고 지도자의 정치적 입지를 다지게 되는, 우연치고는 묘한 우연이다.

2019년은 '5.4운동'* 100주년이자 톈안먼사건 30주년이 되는 해다. 특히 5.4운동 100주년을 맞아 중국 정부는 5월 2일, 3일을 추가로 휴일로 지정했다. 외국 언론에서는 "다시 싹틀지 모를 학생운동에 대비해 예정에 없던 주4일 연휴를 만든 것"이라는 보도도 있었다. (통상 전년도 말에 당해 연도 휴무일이 결정되는 것과 달리 중간에 휴무일이 변경되는 경우는 흔치 않다.)

---

* 1919년 5월 4일 중국 베이징의 학생들이 일으킨 항일운동이자 반제국주의, 반봉건주의 혁명운동이다. 중국의 신민주주의 혁명의 출발점으로 평가되며, 근현대사의 새로운 기원을 여는 사건으로 평가한다. 톈진, 상하이, 난징, 우한에까지 파급되어 민족 위기를 호소하고 국산품 장려 및 일본 상품 불매운동 등을 펼쳤다.

미국과의 무역전쟁을 대하는 중국의 태도가 미국에게 항전 의지를 불태우는 자신감인지, 아니면 위기감 때문에 애국심을 강조하는 것인지 중국인들의 속내는 알 수가 없다. 하지만 분명한 것은 대부분의 중국인이 이런 역사적 사실을 잊지 않고 있다는 것이다. 1820년 전후 청나라의 GDP는 영국보다 7배가 높았다. 청나라의 산업 생산량은 세계 총생산량의 33퍼센트로 4.3퍼센트를 차지하고 있던 영국을 훨씬 압도했었다. 지금 일시적으로 몸을 낮춘다고 해서 아편전쟁 이후 쇠퇴한 중화 민족을 다시 부흥시키자는 그들의 꿈까지 포기한 것은 아니다. 그것이 '중국몽'*의 실체이기도 하다.

　본인들이 당한 상처에 대해서는 반드시 복수한다는 중국인 특유의 복수 문화는 널리 알려져 있다. 복수에 대한 맹세를 잊지 않으려고 오나라 부차는 부드러운 자리 대신 딱딱한 장작더미 위에서 잠을 자고, 월나라 구천은 자기가 당한 치욕을 갚으려고 식사 때나 잠잘 때마다 쓰디쓴 쓸개를 맛보았다고 한다. '와신상담'은 중국인들이 가슴 깊이 새기는 고사성어 중 하나다. 약 2,500년 전 춘추전국시대 때부터 내려오는 중국인의 DNA다.

---

# 차이나 리스크 VS 코리아 디스카운트

　사드사태를 겪으면서 중국에 진출한 많은 한국 기업이 철수 시기를 놓고 고민했다. 한고비를 넘기자 국내 기업까지 휘청거리게 하는 미중 무역전쟁이라는 파고가 밀려왔다. 우리 경제가 얼마나 중국 의존적인가를 방증해 주었다.

　중국이 처한 정치 경제적 상황에 따라 우리 경제가 떠안아야 할 위험 요소를 '차이나 리스크'라 일컫는다. 실제로 많은 중국 기업가들도 무역전쟁을 해결하는 과정에서 '차이나 리스크'의 크기나 방향은 달라질 수 있어도 그 자체를 피해 가지는 못할 것이라는 데 의견을 같이한다. 무역전쟁의 불씨가 1등에 도전하려는 중국과 이를 견제하려는 미국 간의 자존심 싸움이었기 때문이다.

　뿐만 아니라 중국이 미국의 요구대로 대미 무역 흑자를 줄이려고 해도 구조적으로 한계가 있다. 그러니 중국이 무역전쟁의 파고를 넘는 일이 버거울 수밖에 없다.

이런 가운데 중국 기업, 특히 수출 기업은 무역전쟁의 해결이 과거 일본의 사례에서와 같이 환율 문제, 즉 '중국판 플라자합의'로 종결되는 것은 아닐까 두려워한다. 무역전쟁이 관세로 시작해서, 기술 분쟁으로 본선을 치루고, 환율 전쟁으로 귀결되는 경우 말이다.

플라자합의는 1985년 9월 미국과 일본, 영국, 독일, 프랑스 등 주요 5개국의 재무 장관이 뉴욕 플라자 호텔에 모여 달러 가치를 인위적으로 낮추기로 한 합의를 말한다. 플라자합의의 목적은 일본 엔화와 독일 마르크화의 통화가치 상승을 유도하고, 당시 쌍둥이 적자(재정과 무역 적자)에 허덕이던 미국이 달러화 가치를 하락시켜 자국의 수출 경쟁력을 높이는 데 있었다. 플라자합의 직전 1달러당 240엔대였던 엔화는 1985년 말 200엔, 1988년에는 120엔대까지 평가절상 되어 3년 만에 100퍼센트 상승했다.

이 같은 엔고현상으로 인해 일본산 제품의 가격경쟁력이 떨어져 수출이 급격히 감소했다. 일본 정부는 내수 부양과 수출 경쟁력 향상을 위해 저금리정책을 시행하게 되었고 이는 곧 부동산 투자로 이어져 거품 경제를 유발하게 되었다. 이에 정부가 해결책으로 금리 인상 카드를 꺼내자 일본은 부동산 가격이 폭락하고 기업과 은행이 무더기로 도산하는, '잃어버린 20년'으로 불리는 장기 불황을 겪게 된다.

이에 반해 미국은 불황에서 탈출하여 미국산 제품이 세계시장에서 경쟁력을 회복했고, 1990년대에 들어 '나 홀로' 고성장을 지속한 덕분에 사실상 세계 최강대국의 지위를 확고히 다지게 되었다.

이와 같이 미중 양국 간의 무역전쟁도 중국판 플라자합의로 끝맺을 경우, 위안화의 가치 상승으로 중국산 수출 제품은 가격경쟁력을 잃게 된다. 이렇게 될 경우 특정 품목에 대해 관세율을 인상해서 공포 분위기를 조성했던 무역전쟁 초기 때의 어려움과는 비교도 할 수 없을 정도의 위협이 될 것이다.

중국은 아직도 소비보다 수출 위주의 경제구조다. 그러니 시한폭탄이라 불리는 부동산 가격 폭락, 빈부 격차 등 많은 리스크가 있음에도 환율 리스크를 가장 겁낼 수밖에 없다.

한국의 전체 수출 중에서 중국이 차지하는 비중이 27퍼센트다. 한국의 대중 수출이 10퍼센트 감소하면 경제성장률이 1.3퍼센트 감소한다고 한다. 요즘 성장률의 절반에 해당한다. 경제성장률 하락은 고용 감소로 이어진다.

거기다가 중국에 진출한 상당수의 한국 기업은 아직도 한국으로부터 중간재를 수입해서 제3국에 수출하는 가공무역을 하고 있다. 한국은 대중국 수출에서 중간재가 78.9퍼센트(2017년 기준)를 차지한다. 중국 수출이 줄어들면 우리의 수출도 막히는 구조다.

환율 문제는 미중 무역전쟁의 뇌관이나 다름없다. 수출 기업이 가장 우려하는 시나리오다. 이들 기업이 입을 피해는 불을 보듯 뻔하다. 위안화 평가절상이라는 '차이나 리스크'가 우리 경제에는 직격탄이 될 것이라는 의미다.

하지만 이런 상태를 지속하기에는 양국의 정치적 부담이 너무 크다. 미국은 대선이 다가오고 있고 중국은 이 문제가 장기화될 경우 민심 이반까지 걱정해야 한다. 그렇기 때문에 요란했던 미중 무역전쟁은 어떤 형태로든지 타협이 될 것이다. 그렇지만 그 타결은 '종전(終戰)이 아니라 정전(停戰)'이며, 끝이 아니라 또 다른 시작을 예고하는 휴식 정도가 될 것이다.

미국은 무역을 앞세워 본격적인 '중국 길들이기'를 시도하여 중국의 도전 의식 자체를 꺾으려 할 것이기 때문이다. 과거 소련의 사례와 같이 미국은 어떤 분야에서든지 2등의 도전을 허락하지 않는다.

요즘 중국인들이 느끼는 체감 경기는 전례 없이 싸늘하다. 예상보다 높은 무역전쟁의 여파 때문이다. 거기다가 '중국판 플라자합의'라는 파고가 이미 침체기에 접어든 중국 경제에 융단폭격을 가하지 않을까 걱정하고 있다. 이런 상황에서 중국에게 한국 경제를 생각해서 한국산 제품 구매를 늘려 달라는 요구는 부질없는 짓이다. 중국은 대미 무역 흑자 축소를 위해서 수입 라인을 미국산으로 돌려야 하기 때문이다. 우리가 중국의 3대 교역국임을 내세워 '이웃과 더불어 잘사는 겸양을 아는 나라가 되어 달라'고 요청할 수도 없다. 이미 거만해진 그들이 우리의 하소연을 들어줄 리 만무하다. 사드사태는 우리에게 이러한 교훈도 주었다.

남북 관계의 특수성과 지정학적 불안 요인이 지난 70년간 우리 경제의 발목을 잡아 왔다. 이른바 '코리아 디스카운트'다. 숙명처럼 밀려오는 '차이나 리스크'는 또 다른 '코리아 디스카운트'의 서막일 가능성이 크다.

실제로 미중 무역전쟁의 진행 정도에 따라 원화 가치도 춤을 춘다. 환율의 등락이 무역마찰의 바로미터가 된 셈이다. '환율 조작국', '상계관세 부과' 같은 말만 나와도 위안화와 원화가 동시에 요동친다. 어느새 우리 경제는 중국과 실타래처럼 얽히고설켜서 딜레마에 빠졌다. 경쟁국 중국이 경제 위기를 잘 극복하도록 빌어야 하는, 적과의 동침이 시작된 것이다.

# 뼛속까지 시린
# 중국식 성장통

# 불공정 공화국으로 달려가는
## 차이나

몇 년 전부터 중국에선 마라톤 열풍이 불고 있다. 문제는 마라톤에까지 '짝퉁'이 번졌다는 것이다. 믿기 힘든 일이지만 2018년 11월, 광둥성 선전 시에서 열린 하프 마라톤 대회 참가자 중에서 258명이 부정행위를 했다. 교통 단속 카메라에 잡힌 영상을 보면 무려 237명의 참가자가 반환점까지 달리지 않고 반환점 약 1킬로미터 앞에서 도로 사이에 있는 숲을 통과해 곧바로 반대편으로 넘어갔다. 이런 방식으로 '지름길'을 택한 참가자는 전체 21킬로미터 코스 중 약 2~3킬로미터를 건너뛴 것으로 확인됐다. 이들 외에도 대타 참가자가 3명, 18명은 가짜 번호표를 달고 뛰었다. 2명의 참가자가 같은 번호표를 달고 달리는 모습 또한 현지 사진기자의 카메라에 잡혔다.

인간이면 누구나 남보다 앞서고 싶은 욕망이 있다. 그러나 무엇보다 공정해야 할 스포츠에서 이 같은 일이 벌어진 것은 씁쓸하기까지 하다. 하지만 보통 중국인들은 공정한 게임의 룰을 지켜야 한다는 생각은 별로 없고 남보다 먼저 결과를 얻어야 한다는 강박관념을 가지고 있다. 출발에서 뒤처지면 영원히 따라잡을 수 없다고 믿기 때문이다. 개혁 개방 이후 발전 과정에서 얻은 학습 효과다.

1978년 덩샤오핑은 자본주의냐 사회주의냐 하는 논쟁을 '흑묘백묘론 (黑猫白猫論, 검은 고양이든 흰 고양이든 쥐만 잘 잡으면 된다)'으로 돌파했다. 수십 년간 사회를 지탱해 온 사회주의자들에게는 충격이었다. 게다가 아랫목이 따뜻해지면 윗목도 자연스럽게 따뜻해진다는 소위 '선부론 (先富論)'을 설파했다. 성장이냐 분배냐의 논쟁보다는 우선 돈을 벌어야 나누어 줄 것이 생긴다는 논리로 반대파를 잠재웠다.

덩샤오핑은 그 방법론으로 1979년 광동성의 선전, 주하이, 산터우와 푸젠성의 샤먼에 4대 경제특구를 설치하고 발전의 불씨를 당겼다. 동남 연해를 먼저 개발하면 자연스럽게 내륙지역도 발전한다고 보았다. 개혁 개방 정책의 근간을 이루는 내용이다.

이러한 토대 위에 중국은 지난 40여 년간 비약적인 발전을 거듭해왔다. 2010년대에 접어들자 주장강 삼각주, 양쯔강 삼각주 등 중국의 동남 연해는 포화 상태가 됐다. 임금도 많이 올랐지만 인력난은 더욱 심각해졌다. 내륙지역의 반발을 우려한 중국 정부도 부유한 해안 도시와 농촌 지역 간의 소득 격차를 줄이기 위해 농촌 지역에 다양한 세제 혜택을 제공하면서 연안 지역 공장의 이전을 유도하기도 했다. 중국 정부는 국민들의 불만을 잠재우기 위해서라도 내륙 개발을 서둘렀던 것이다.

그 결과 내륙지역의 인프라가 크게 개선되면서 내륙으로 공장을 옮기는 것이 과거보다 훨씬 쉬워졌다. 세계적 다국적기업은 상대적으로 인건비와 땅값이 저렴하고 인프라도 비교적 잘 갖춰진 내륙지역에 제2공장을 앞다투어 건설했다. 안후이성, 후난성, 쓰촨성, 간쑤성 등 내륙지역도 발전에 속도를 내기 시작했다.

그러나 시간이 지나자 많은 기업이 처음 기대와는 달리 내륙으로 이전하는 것을 주저했다. 공장이라는 것이 값싼 노동력만으로 가동할 수 있는 것이 아니다. 물류 기능을 포함한 수출에 필요한 제반 여건을 고려하면 동남해 연안 지역과 비교했을 때 선호도가 떨어졌다. 인력 모집도 처음 예상했던 것보다 쉽지 않았다.

2008년 3월, 안후이성 쉬안청 공장을 처음 가동했을 때였다. 자신들의 고향에 외자 기업이 들어선다는 소식에 대도시로 나갔던 근로자들이 고향으로 되돌아왔다. 그동안 장쑤성 쿤산 공장에서 부족한 인력 때문에 어려움을 겪었던 회사로서는 풍부한 노동력에 대단히 흡족했다. 공장 이전은 대성공처럼 보였다. 그런데 몇 개월이 지나자 상황이 급변하기 시작했다. 그들 중 상당수는 다시 상하이를 비롯한 대도시로 돌아갔다. 이유는 간단했다. 비록 자신의 고향이지만 생활 인프라가 대도시와 비교도 되지 않기 때문이다. 한번 도회지 맛(?)을 본 사람들은 자신의 고향이지만 불편해서 못 살겠다고 발길을 돌렸다.

게다가 중국은 지역별로 최저임금을 비롯한 법정 임금도 다르다. 지금까지 대도시에서 받은 임금에 비해서 줄어든 임금은 만족스럽지 못했다. 상하이로부터 불과 250킬로미터 떨어진 곳인데도 이런 현상이 벌어졌다. 시 정부로서도 지역 발전의 한계에 부딪치게 됐다. 실제로 시 정부에서는 외자 기업 유치를 위해 조성한 지역 내 공단 규모를 최초 계획보다 줄일 수밖에 없었다.

이에 반해 상하이를 비롯한 1선급 도시들은 승승장구하고 있다. 2018년 상하이의 시민 1일당 국내총생산(GDP)이 2만 달러(2,250만 원)를 넘었다. 안후이성의 3배 수준이다. 내륙으로 가면 그 격차는 더 커진다. 2018년, 경제 수도로 불리는 상하이(3조2700억 위안)와 개혁 개방의 전초기지인 선전(2조4000억 위안)과 광저우(2조3000억 위안)는 GDP 기준으로 다른 지역에서는 넘볼 수 없을 만큼 격차가 커졌다. 특히 선전은 중국판 실리콘밸리라는 명성답게 4차산업 발전을 주도하고 있다. 특히 텐센트, 화웨이, ZTE 등 글로벌 기업 및 벤처기업의 요람으로 중국 IT 발전을 이끌고 있다. 미래의 성장 동력까지 장전한 상태다.

중국 정부가 선부론(먼저 잘살고 보자)에서 균부론(골고루 잘살자)으로 급격히 선회한 지 10년이 훨씬 넘었다. 해가 갈수록 중국 정부의 바람대로 되지 않고 지역 간 격차는 더 벌어졌다. 이와 같이 개혁 개방 정책은 중국 사회에 큰 모순을 낳았다. 도시와 농촌, 연해부와 내륙부의 지역 격차가 심화되어, 특히 내륙 주민들의 불만이 높아져 가고 있다. 내륙지역 사람들은 아무리 노력해도 상하이를 비롯한 대도시 사람들을 따라잡을 수 없다고 생각한다. 뿐만 아니라 이들 지역 출신의 농민공들은 대도시 빈민촌에서 이주 노동자 대우를 받으면서 살아가고 있다. 자연히 출신 지역에 따라 불평등한 경제적 구조가 고착화되어 갔다. 이들이 느끼는 상대적 박탈감은 중국 사회의 또 다른 뇌관이 될 수 있다.

바다에 사는 거북을 육지에 데려와서 경주를 시켰으니 애당초 토끼와 거북의 경주는 불공정하고 잔혹한 게임이라는 우스갯소리가 있다.

출발이 늦은 사람은 노력해도 성공하기 어렵다는 논리를 포함하고 있다. 부지런한 거북이라도 출발이 빠른 토끼는 따라잡을 수 없음을 알고 있는 것이다.

출발이 늦은 사람들에겐 어떤 수단과 방법을 동원해서라도 앞서간 사람들을 따라잡으려는 심리가 있다. 그런 중국인들의 초조함과 조급함이 공정해야 할 마라톤에까지 투영되어 부정행위로 이어지지는 않았을까? 1만 6,000여 명이 참가한 선전 하프 마라톤에서 발생한 250여 명의 부정행위가 왠지 중국 사회의 단면을 보여주는 느낌이다. 중국육상연맹에 따르면 2018년 한 해 동안 중국에서 크고 작은 육상 대회가 1,072차례 열렸다고 한다. 모든 대회에서 부정행위가 있었다면 중국은 불공정 공화국인 셈이다.

# 중진국 함정 속에서 드러난
# 중국의 모순

'중진국 함정'이란 게 있다. 한 국가가 경제 발전 초기 단계에서는 순조로운 성장세를 보이다가, 1인당 국민소득이 1만 달러 정도가 되면 성장 동력을 잃고 국가 경제가 장기간 침체되는 현상을 일컫는다. 2007년 세계은행이 제시한 개념으로, 중진국 함정에 빠지면 경제성장 둔화는 물론 그동안 쌓였던 각종 사회 모순까지 동시에 드러나게 된다. 1970년대 브라질, 칠레, 아르헨티나 등이 대표적인 사례다. 최근에는 태국, 말레이시아, 남아프리카공화국 등이 이 함정에 빠졌다고 본다.

중국국가통계국은 2018년 중국의 GDP는 13조7,000억 달러를 넘어서 1인당 GDP가 9,900달러에 달했다고 발표했다. 경제 전문가들은 중국 경제가 1인당 GDP 1만 달러 시대를 맞이하며 중진국 문턱을 넘어서 강대국 진입을 위한 기초를 닦았다는 평가를 내놓았다. 이와 반대로 중국은 이미 중진국 함정이란 늪에 빠졌다는 우려도 만만치 않다. 중국 정부에서 발표한 2019년 경제성장률의 목표치 6퍼센트를 그 근거로 든다. 과거 수십 년간 이룩한 고도성장에 비하면 성장률이 턱없이 낮기 때문이다. 다른 한편으로 보면 성장 엔진이 식어간다는 것을 중국 정부가 인정한 셈이다. 29년 만에 가장 낮은 수치로, 마지노선인 6퍼센트 성장률 수성도 장담할 수 없다는 전망까지 나온다.

그렇다면 왜 이런 한계에 봉착했을까? 첫 번째 원인으로 국가 주도적 압축 성장의 한계를 든다. 중국은 개방 초기부터 정부 주도의 획일적인 경제정책을 폈다. 실제로 해외의 유명 자동차 회사가 중국에 외자 기업을 설립하기 위해서는 반드시 중국 회사와 합작회사를 설립하도록 했다. 중국 기업이 선진 기업으로부터 고급 기술을 손쉽게 도입할 수 있도록 제도적 장치를 둔 것이다. 그렇게 해서 배운 기술로 생산성을 증대시켰다. 그 결과 중진국 반열에는 진입했으나 이제는 그 방식도 한계에 도달한 것이다.

또한 중국 정부는 경제 발전 과정에서 필연적으로 겪게 된 분배 문제 해결을 위해서 임금 인상 카드를 꺼내 들었다. 그러나 이런 정책은 '고비용 저효율' 구조를 앞당겼다. 생산성 향상이 벽에 부딪히면서 선진국을 더 이상 따라가지 못하고 중진국에 머물게 했다는 지적이다.

그 외에도 중국 정부가 10여 년 전 금융 위기 극복을 위해 시행한 '양적완화' 정책이 부메랑이 되어 돌아왔다는 분석도 있다. 실제로 중국 정부는 2008년 글로벌 금융 위기를 맞아 4조 위안(약 680조 원) 규모의 초대형 경기 부양책을 펼쳐 위기 국면을 비교적 잘 헤쳐 나갔다. 그러나 이 같은 대규모 부양책은 오히려 '독'이 됐다. 그때 투입된 막대한 자금은 경제주체의 부채 급증은 물론 부동산 가격을 치솟게 했고 이는 곧 극심한 빈부 격차의 원인이 되었다. 이런 부작용은 지금까지도 경제 발전의 발목을 잡고 있다.

실제로 중국의 부동산 거품은 심각하다. 중국 전역에 빈집이 무려 6,500만 가구나 된다는 사실은 이미 알려진 얘기다. 이러한 주택 공실률은 21.4퍼센트로 미국(12.9%), 일본(13.5%), 한국(7.4%)보다 훨씬 높다. OECD 자료에 따르면 개인 가구별 자산에서 부동산이 차지하는 비율도 중국은 무려 74퍼센트나 된다. 미국(30%)보다 2배 이상, 부동산 거품을 걱정하는 한국(62%)보다도 높다. 부동산 개발 업체에서 금융권에 상환해야 할 부채도 매년 110조 원에 이른다. 언제 터질지 모르는 화약고다.

그럼에도 불구하고 대부분의 사람이 인생 최대의 투자처는 부동산이라고 믿고 있다. 중국 정부에서는 부동산 거품을 우려해서 보유세 개념의 재산세 도입을 예고했지만 조세 저항에 부딪쳐서 번번이 실패하고 있다.

더 중요한 것은 많은 중국인들이 부동산 가격은 절대로 폭락하지 않을 것이라고 믿고 있다는 점이다. 부동산 가격 폭락은 정부의 리더십 추락을 의미한다. 그래서 민심 이반을 우려하는 정부가 반드시 관리할 것으로 확신하고 있다. 실제로 중국에서는 과거 수십 년 동안 집값 폭락을 한 번도 겪지 않았다. 뜨거운 부동산 열기만큼 거품도 커지고 리스크도 커지고 있는 셈이다.

앞에서 열거한 사회적 모순은 예측 가능한 것이다. 하지만 경제성장 과정에서 필연적으로 겪게 될 정치적 욕구 분출은 아직 주춤한다. 많은 중국인들이 한국의 촛불시위 모습을 보면서 중국에서는 한국과 같은 정치적 자유가 불가능하다고 말했다. 인구가 많고 나라가 크기 때문에 집회 결사의 자유를 보장하면 대혼란이 온다는 것이다. 누가 묻지도 않는데 이런 견해를 밝히는 것은 역설적으로 한국인들의 역동적인 모습이 싫지만은 않음을 표현하는 것인지도 모르겠다.

　중국은 정치적으로는 사회주의 체제를 유지하면서 경제적으로는 시장경제체제를 받아들였다. 평등과 분배가 우선되어야 할 사회주의 체제 하에서 지역 격차, 빈부 격차는 날로 커지고 있다. 지금까지는 모든 문제를 국가가 획일적으로 해결했다. 그러나 앞으로는 과거와 같은 국가의 힘만으로 해결이 어려울지도 모른다. 경제성장과 함께 중국인들의 시민의식도 성숙해 가고 있기 때문이다. 중국인들은 정치적 욕구를 분출하는 방법을 잘 모른다. 이에 대처하는 정부의 경험도 부족하다. 역사상 한 번도 가 보지 않은 길이 가로막고 있다. 익숙지 않은 길을 가야 하는 것 자체가 혼란을 의미하는 중진국 함정일 수도 있다.

　2019년 3월 전국인민대표대회 개막식에서 리커창 총리는 "중국은 여전히 전 세계에서 가장 큰 개발도상국이라는 데 변함이 없을 것"이라고 말했다. 섣불리 터트린 중국몽 축포를 거두어들이면서 미국과의 무역전쟁에서 꼬리를 내리겠다는 의미로도 받아들여졌다. 다른 한편으로는 '중진국 함정'에 빠지지 않기 위해서 시간을 벌어 보겠다는 의미로도 읽혔다. 압축 성장 과정에서 나타난 중국의 모순들이 국가 발전의 아킬레스건임에는 분명해 보인다.

# 14억 인구 대국에
# 일손이 부족하다

한 지인으로부터 자신의 자녀에게 한국 대학에 관해서 설명을 해달라는 요청을 받았다. 적당한 이유를 둘러대서 아들의 한국 유학을 만류해 달라는 부탁도 뒤따랐다. 자신의 아들은 공부에는 별 취미가 없고 유학에 대한 뚜렷한 목적도 없다는 이유였다. 2018년 5월, 중국의 대학 입시 수능인 '가오카오'*를 한 달여 앞둔 때였다.

약속을 정하고 며칠 동안 한국 대학에 관한 자료 조사를 했다. 입시 전문가의 도움으로 중국 유학생의 한국 대학 졸업 후 진로도 파악했다. 예상되는 질문에 대한 답변도 준비했다. 이런저런 상황을 감안하여 한국 대학 입시 상담을 하기 위한 준비였다. 약속 장소에 나가기 전까지는

---

\* 중국에는 1,388개의 대학과 1,243개의 전문대가 있다. 학생들은 대입 시험 가오카오 점수에 따라 대학에 지원하게 되는데, 대학 소재 출신 지역 학생들을 우선 선발한다. 인구집중을 막기 위해 대학 소재지 출신 학생을 제외하고는 각 지역별 쿼터시스템을 적용하여 전국 각지에서 골고루 학생을 모집한다. 가오카오 시험 과목과 일정(6월)은 전국적으로 동일하나 시험문제는 각 성급 단위의 교육청이 자체적으로 출제한다.

학생과 대화를 해 보고 진정성이 느껴지면 회사 차원에서 도움을 줄 방법도 고민했다.

시내의 작은 식당에 들어서자 부모와 아들은 이미 '한국에 유학 가겠다', '못 보낸다' 언쟁을 하고 있었다. 부모와의 언쟁으로 학생은 이미 흥분되어 있었다. 부모에게 자리를 비켜 달라 해서 학생과 둘이 마주보고 앉았다. 학생의 대답은 솔직했다. 중국의 유명 대학에 진학할 실력이 안 돼서 탈출구로 한국 유학을 생각하고 있다고 했다. 특별한 계획이나 목표도 없었다. 한국 대학을 도피 장소로 생각했다는 학생의 설명에 한국인으로서 자존심도 상했다. 하지만 솔직함이 학교 성적보다 더 중요하다고 격려하면서 유학 생활의 장단점에 대해서 설명을 이어 갔다.

그런데 대화 시간이 길어지자 학생은 또 다른 속내를 털어났다. 부모와 가족의 간섭으로부터 도피하고 싶다는 것이었다. 할아버지와 할머니는 자신의 초등학교 시절부터 9년 동안 등·하굣길 배웅과 마중을 했다고 했다. 손자에 대한 애정 때문에 자신의 외국 유학도 반대하고 있다고 믿고 있었다. 그래서 자신은 가족들의 과잉보호로부터 벗어나는 것이 유학의 목표라고 했다. 일종의 반항이었다. (그는 지금 중국에 있는 한 대학에 입학해서 잘 다니고 있다.)

실제로 중국 사람들의 자식 사랑, 손자 사랑은 놀랍다. 중국 사람들이 자녀의 대학 입시에 목숨을 걸 정도로 열성적이라는 것은 우리와 별 차이가 없다. 지금 중국의 청년 세대 대부분은 어릴 적부터 부모 또는 조부모의 간섭과 과잉보호 속에서 성장했다. 소학교와 중학교의 등·하교 시간에는 학교 정문 앞에 학생의 조부모들이 장사진을 치고 있다. 손자를 배웅하고 마중하기 위해서다. 어떤 학생은 외조부모까지 함께 동행한다. 학생 한 명의 등·하굣길에 조부모 4명이 동행하는 셈이다. 이런 아이들을 '소황제'라 부른다. 학생의 부모까지 더하면 6명의 어른이 한 명의 아이를 황태자처럼 키운다고 해서 붙여진 이름이다.

소황제란 은어는 중국의 산아제한정책 시행과 함께 생겨났다. 중국은 덩샤오핑 시절인 1978년 '한 자녀 정책'을 채택했다. 강력한 한 자녀 정책은 유령 자녀 등 많은 부작용을 낳았다. 남아 선호 사상으로 인해서 딸이 출생하면 호적에 등재하지 않았기 때문이다. 또 과잉보호 속에 외동으로 자란 아이들은 과도한 개인주의와 독립성 부족 등의 특징을 보였다.

중국 정부는 2015년부터 한 자녀 정책을 공식 폐기하고 1가구 2자녀 정책을 전면 도입했다. 생산 가능 인구(만 16~59세)가 감소세로 돌아서자 산아제한정책을 완화한 것이다. 그러나 중국 부모의 '소황제 양성'은 1자녀 정책 폐지 이후에도 계속되고 있다. 기회를 선점하는 자가 성공할 수 있다는 개혁 개방 과정에서의 경험은 자녀에게 더 일찍, 더 좋은 환경을 부여해 주고자 하는 욕망으로 나타났다. 거기다가 자식을 아끼는 중국의 전통 사상까지 더해져 자식에 대한 과잉보호는 하나의 사회 문화로 자리 잡았다.

지금의 30대 이하 청년 대부분이 소황제 세대라 할 수 있다. 응석받이로 자라서 배타적이며 사회 적응 능력도 떨어진다는 평가를 받는다. 실제로 이들의 문제점은 사회 곳곳에서 나타나고 있다. 가장 큰 문제는 소황제로 자란 이들이 자녀 출산을 꺼리고 있다는 점이다. 자녀보다 개인이나 부부의 행복을 우선시하고, 높은 주택비와 교육비도 원인으로 작용하고 있다. 이들 대부분은 맞벌이 부부라 육아를 위해 충분한 시간을 내기도 어렵다. 그러니 산아제한정책을 포기하고 1가구 2자녀 정책을 도입했지만 별다른 실효를 못 보고 있는 것이다.

인구통계에 따르면 2018년 한 해 동안 중국에서 태어난 신생아 수는 1,523만 명이다. 대한민국 인구의 3분의 1 가량이 새로 태어난 셈이다. 하지만 전년도인 2017년 출생아 수가 1,723만 명인 점을 감안하면 1년 만에 출생아 수가 200만 명이나 감소한 셈이다.

소황제로 대표되는 중국의 젊은이들이 안고 있는 또 다른 문제는 힘든 노동을 기피하는 풍조다. 이들은 태어나면서부터 금지옥엽 과잉보호를 받으면서 성장한 세대이기에 이미 예측되었던 사회현상이다. 이들은 "우리는 부모처럼 살고 싶지 않다"고 강변한다. 실제로 힘든 제조업 분야에서 '주링허우(90년대생)'*를 찾기란 쉽지 않다. 수많은 기업이 이들의 제조업 기피 현상에 몸살을 앓고 있다.

중국이 안고 있는 또 하나의 문제는 노인 인구의 급증이다. 중국은 일본과 한국보다 더 빠르게 노령화 사회로 치닫고 있다. 전문가들은 향후 10년 이내에 중국의 60세 이상 인구가 미국 전체 인구보다 많아져 중

---

* 현재 중국에 빠링허우(80년대생)의 추정 인구는 약 2.3억 명, 주링허우(90년대생)는 1.7억 명 정도다. 앞으로 중국의 미래를 책임질 링링허우(2000년대생)는 1.5억 명으로 추산 중이다. 주링허우는 기성세대와는 달리 공산주의 등 정치와 거리를 두고 개성을 중시하며, 취업보다 창업을 목표로 하는 세대다. 제품 선택에도 명품보다는 품질과 가격을 함께 고려하는 등 합리적인 선택을 한다. 2017년, 중국인 해외 관광객의 주력군은 빠링허우(35%)이고 주링허우는 전년 동기 대비 400퍼센트 가까이 증가했다. 향후 중국 소비 시장의 패턴은 이들의 성향에 달렸다는 분석이 지배적이다.

국의 경제성장을 제한할 것이라고 경고한다. 21세기 중반에 60세 이상 인구가 전체의 30퍼센트를 넘어설 것이라고 보고 있다. 중국인 3명 중 1명은 노인이 될 것이란 얘기다. 일부 지역에서는 벌써부터 생산 가능 인구가 줄면서 이들이 떠안아야 하는 의료비와 연금 등 부양 부담이 가중되고 있다는 얘기가 전해지고 있다.

중국은 노령화와 더불어 인구절벽을 향해 나아가고 있다. 2018년 중국의 생산 가능 인구는 7억7,590만 명으로 전년도 대비 54만 명이 줄어들었다. 중국에서 생산 가능 인구가 줄어든 것은 개혁 개방 이후 처음이다. 새로 태어나는 아기는 충분치 않은데 노령화가 급속히 진행되고 있기 때문이다. 이 같은 추세가 계속된다면 '세계의 공장'이란 명성은 완전히 빛을 잃게 된다. 젊은 층의 감소는 내수 시장을 성장시켜 소비 대국을 꿈꾸는 중국 정부에도 큰 타격을 입힐 공산이 크다. 노동력 부족으로 인한 경제성장 둔화, 수억 명의 은퇴자를 돌보지 못하는 최악의 시나리오가 현실화될 경우 중국몽은 물거품이 될 수도 있다. 소황제의 저출산 기조와 힘든 일 기피 풍조, 급격한 노령화로 인해 줄어드는 일손 때문에 중국의 고민은 깊어만 가고 있다.

# 바람 잘 날 없는 중국

2019년 4월, 쿤산 시에 진출해 있는 한국 기업 대표의 월례회에서 오랫동안 함께했던 L사장이 중국을 떠난다는 인사를 건넸다. 모두가 아쉬워했다. 다음 차례는 누굴까? 아직은 견딜 만하다는 J사장의 인사말에 모두가 부러운 눈길을 보냈다. 모두가 오랜 외국 생활로 인한 외로움과 쓸쓸함보다 앞으로 다가올 경기 침체에 대한 중압감이 더 크게 느껴진다고 했다. 변화의 속도를 감내하기가 버거워서인지 늘 활기차던 분위기와 달리 이날 모임에는 어두운 그림자가 드리워져 있었다.

이들은 정기적인 만남을 통해서 업종 간 정보 교류와 외자 기업에 관한 정보교환, 또 가끔은 대정부 민원 창구 역할을 하면서 20여 년째 이 모임을 유지해 오고 있다. 험난한 사드태풍 때는 서로를 격려하며 버팀목이 되기도 했다. 지금도 무역전쟁의 높은 파고를 넘기 위해 함께 지혜를 짜내고 있는 중이다. 고단한 외국 생활에서 서로가 서로에게 등불이 되어 주는 만남이다.

한때는 30여 명이 모여서 지역사회에 한국 기업의 존재감을 떨치기도 했다. 이들 중 상당수는 중국 체류 경험이 15년 이상인 베테랑으로 사실상 이 지역 전문가들로 구성되어 있다. 이들이 걸어온 세월의 흔적만큼 다양한 사람들과의 추억과 사연이 켜켜이 쌓여 있는 지역 한인회다. 이런 경험과 돈독한 유대감 덕분에 다른 지역 한인회로부터 부러움을 살 정도였다.

하지만 이날 모인 20여 명의 기업 대표들은 이구동성으로 요즘은 정말로 힘에 부친다고 토로했다. 중국 정부가 경기 활성화 방안으로 내놓은 증치세 개편 내용도 논의에서 뒷전으로 밀려났다. 지난번 모임에서 최대 관심사였던 한국 포털 사이트 '다음' 차단 소식과 '네이버 블로그' 접속 차단 소식도 이날은 입에 올리는 사람이 없었다. 회사마다 몰아치고 있는 안전 점검과 공장 가동 중지 명령이 단연 화두였다. 이 같은 정부 당국의 강력한 안전 점검은 몇 달 전 장쑤성 옌청 시 농약 회사에서 폭발 사고가 발생한 뒤 이미 예견된 상황이었다.

폭발 사고는 이날 모임이 있기 약 한 달 전에 일어난 것으로 80여 명의 사망자와 600여 명의 부상자가 발생했다. 사고가 난 장소로부터 7킬로미터 정도 떨어진 곳의 공장 유리창이 파손될 정도로 사고의 위력은 엄청났다. 지진 강도 2.2와 맞먹는 규모였다고 한다.

폭발 사고가 난 공장이 농약과 염료 원료를 생산하던 시설인 것으로 알려지면서, 이와 유사한 화학 관련 공장들은 안전 검사를 받느라 진땀을 흘려야 했다. 각 공장별로 지정된 검사원을 포함한 관련 공무원들이 거의 매일 공장에 출근하다시피 했다. 검사가 아니라 작업 방해 수준이었다.

이런 상황이 열흘 정도 이어지던 중, 쿤산 시에 소재한 금속가공 공장에서 또다시 폭발 사고가 발생했다. 폐금속을 보관하던 컨테이너가 폭발해서 7명이 사망한 이 사고로 쿤산 시 정부는 다음날부터 쿤산 시 산하에 있는 100여 개의 금속가공, 화학 관련 공장에 대해서 무기한 작업 중지 명령을 내렸다.

이유는 간단했다. 계속 사고가 발생하니까 일단 모든 공장의 가동을 중지시킨다는 것이었다. 새로운 안전기준을 마련한 후에 그 기준을 통과하는 업체만 재가동을 허락하겠다고 했다. 안전 관련 시설이 허술하고 관리가 부실한 중국 공장에서 사고가 났는데 규정을 따르고 법을 지켜 온 외자 기업이 그 피해를 송두리째 떠안은 꼴이었다. 아무도 책임지지 않으려는 중국식 해결 방안이다.

가동 중지 명령을 통보받은 공장은 하소연도 하지 못했다. 관련 공무원들은 상급 기관에서 결정한 사항이라서 어쩔 수 없다는 태도다. 사실 이런 대형 안전사고가 발생하면 지방정부의 공무원들은 대책이 없다. 공장의 요구를 들어주기 위해 잘못 나섰다가는 자신은 물론 연관된 공무원들에게까지 불똥이 튀기 때문이다.

사안에 따라서는 과거 공장 안전 심사에 관련된 공무원들에게 소급해서 그 책임을 묻기도 한다. 해바라기처럼 상급 기관만 바라볼 수밖에 없는 구조다.

상하이로부터 50킬로미터 정도 거리에 인접한 쿤산 시는 인구 180만 명 정도가 거주하고 있는 신흥 공업 도시다. 1990년 이래로 가장 많은 대만 기업이 투자한 곳 중 하나로, 깔끔하게 정비된 공단이 조성되어 있다. 잘 구축된 공장 관련 인프라 덕분에 쿤산 시는 중국에서도 GDP가 가장 높은 도시 중의 하나다. 한때는 산업 환경 분야에서 '살기 좋은 도시 1위'라는 명성을 유지하고 있었다.

그러나 2014년 여름, 쿤산 시에 있는 한 금속가공 업체(대만 업체)에서 폭발 사고가 발생한 이후로 쿤산 시는 공장하기 까다로운 도시로 변해가고 있다. 146명이 사망하고 90여 명이 부상당하는 이날 폭발 사고는 앞만 보고 달려온 쿤산 시의 외자 유치 정책 방향을 전환하는 계기가 되었다. 양적 성장에서 질적 성장으로 방향을 변경한 것이다.

이 사건 이후 쿤산 시는 갈수록 복잡해지는 규제 탓에 신규 공장 증설은 엄두도 못 낸다. 환경, 소방, 안전 단속에 걸리면 공장 이전을 감수해야 한다. 외자 기업 유치로 세수 확보, 증가된 재원으로 지역 발전을 꾀하던 선순환 구조는 이제 역사 속의 이야기가 되어 가고 있다. 일상화된 공무원들의 복지부동은 이런 상황을 더욱 부채질하고 있다.

장쑤성 내에는 4,700여 개의 화학 계통 공장이 가동 중인 것으로 알려져 있다. 장쑤성 정부는 이번 사건을 계기로 향후 2년 내에 이들 공장을 절반으로 줄이고 3년 이후에는 1,000개 이하로 줄인다는 정보를 공공연히 흘리고 있다. 강도 높은 구조 조정이 기다리고 있으니 떠날 공장은 하루빨리 짐을 싸라는 최후통첩인 셈이다.

중국 정부는 수많은 자연재해와 소수민족의 분리 움직임 때문에 골머리를 앓고 있었는데 최근에는 안전 재해 같은 인재까지 빈번해지고 있다. 앞만 보고 달려온 압축 성장의 결과다. 그동안 누적되었던 폐해가

해가 갈수록 더 많이 노출되지는 않을까 우려된다. 지난 4월에는 쓰촨성에서 화재 진압에 동원되었던 인민 해방군 31명이 또 목숨을 잃었다. 대형 사건 사고가 연속되며 불안감만 커져 가고 있다.

# 대륙의 속살을
# 엿보다

# 배려로 채워지는
# 새로운 중국

    중국에서 대로변을 지나다 보면 수십 명의 군중이 모여 있는 광경을 자주 볼 수 있다. 십중팔구는 크고 작은 교통사고가 발생했을 때다. 사진이나 동영상을 찍는 구경꾼은 있어도 부상자를 병원으로 옮기려는 사람은 쉽게 볼 수 없다.

    이런 모습을 볼 때마다 '수수방관'이라는 말이 떠오른다. '손을 소매에 넣고 곁에서 구경만 한다'는 뜻으로 가까운 곳에서 큰일이 일어나도 간여하지 않고 팔짱만 끼고 바라만 보는 것을 일컫는다. 남이 잘되든 못되든 나와 이해관계가 없으면 상관하지 않는, 배려심 부족한 중국인의 습성을 잘 표현하는 사자성어다.

    많은 전문가들이 중국인의 이런 '강 건너 불구경하는' 습성의 근원을 중국 역사에서 찾는다. 중국은 5천년 역사를 거치는 과정에서 수많은 왕조가 흥망성쇠를 거듭했다. 중국은 우리나라처럼 왕조와 국호만 교체된 것이 아니라 지배 계층을 이루는 민족도 함께 교체되었다. 하루아침에 지배 계층이 교체된 민족 사이에서 살아남기 위해서는 남의 일에 참견하지 말아야 한다는 불문율이 생겼다.

아주 오래된 역사는 접어 두더라도 과거 천년의 역사만 거슬러 가 보자. 몽골족이 건국한 원나라(1271~1368)는 엄격한 민족 정책을 실시하여 한족을 하층계급으로 만들었다. 권력에 도취된 원나라 지배층은 농민 봉기를 야기했고, 대륙의 주인은 한족 출신 주원장에 의해 명나라(1368~1644)로 바뀌었다. 명 왕조도 상류층의 부패로 300년을 지속하지 못하고 쇠퇴의 길로 접어들었다. 그 후 만주족에 의해 건립된 청나라(1616~1912)가 한족을 통치했다. 강성했던 청나라도 각종 사회 모순에 의해 점차 약해졌으며 이로 인해 강대국 대열에서 이탈하게 되었다.

1840년에 발발한 아편전쟁 이후에는 청나라의 지배와 서구 열강의 간섭으로 백성들은 이중 압박에 시달렸다. 청나라 정부는 1911년 쑨원이 주도한 신해혁명으로 막을 내렸지만 중국인의 생존법은 더욱 강렬해졌다. 국민당 정부를 지지했던 사람들은 공산당 정부를 상대로 자기 목소리를 낼 수가 없었다. 문화대혁명 때는 서슬 퍼런 홍위병의 기세 때문에 백성들은 스스로 살아남을 방법이 필요했다. 지배 계층으로부터 감시나 약탈을 피하기 위해서 은연중에 보고도 못 본 척하는 습관이 몸에 뱄다는 얘기다.

주변의 중국인에게 수수방관하는 이유에 대해서 물어보면 십중팔구는 '괜히 남의 일에 끼어들었다가 곤란해지는 것이 싫다'거나 '피해자를 돕다가 가해자로 오인 받거나 경찰서에 오라 가라 하는 것이 싫어서'라고 답한다. 하지만 많은 중국인들이 스스로도 자신의 이런 행동에 문제가 있다는 것을 잘 알고 있다.

그런데 빠링허우, 주링허우가 등장하면서부터 중국인이 변화하고 있다. 이들은 부모 세대와는 달리 비교적 풍요로운 환경에서 성장했다. 이들은 해외 유학을 통해서 선진 문물도 배웠다. 자유로운 해외여행을 통해서 성숙한 시민의식의 필요성도 깨우쳤다. 이 세대가 강 건너 불구경하던 중국 사회를 배려 많은 시민사회로 변화시키고 있다.

2018년 여름 어느 주말, 평소 비즈니스 관계로 한국을 자주 여행하는 지인으로부터 연락이 왔다. 그는 평소 한국인의 성숙된 시민의식을 부러워하곤 했다. 금 모으기 운동, 2002년 월드컵, 광화문 광장 등은 늘 그에게 부러움의 대상이었다. 그러던 그가 중국 사람의 성숙된 시민의식을 보여주고 싶다며 영상을 보내왔다.

쿤산 시 런민루 즈엉량교 부근, 성인 허리 높이에 상자 하나가 놓여 있었다. 쿤산 시의 한 시민 단체에서 더운 날씨에 환경미화원과 택배 기사들이 음료수 구입비로 사용하거나 버스비를 마련하지 못한 사람들이 긴요하게 사용할 수 있도록 마련한 동전 함이었다. 상자 옆에는 "급한 사람은 1인당 5위안씩 가져갈 수 있음"이라는 문구가 붙어 있었다.

놀라운 일이 이어졌다. 처음에는 신기하다는 듯 동전 함을 지켜보던 사람들이 동전을 상자 속에 넣기 시작했다. 어떤 사람은 동전을 꺼내 가기도 했다. 시간이 지나자 청소원이 동전 몇 개를 꺼내서 음료수를 구입하는 장면도 있었다. 누추한 옷차림을 한 사람은 동전을 꺼내서 버스 요금으로 사용하기도 했다. 상자 옆에 붙어 있는 규정을 어기면서 동전을 한 움큼씩 꺼내는 사람은 보이지 않았다. 더 이상 꺼낼 쓸 동전이 없으면 어쩌나 하는 생각도 기우였다.

가던 발걸음을 멈추고 사진을 찍어 SNS에 올리는 사람도 보였다. 손자에게 동전 함의 취지를 설명하는 할아버지도 보였다. 환경미화원이 호주머니 속에서 동전을 꺼내 보태는 장면도 목격되었다. 길 가던 초등학생도 동전을 보탰다. 8시간이 지난 후 이 단체에서 동전 함을 점검해 보았다. 처음 시작할 때 투입한 동전 1,000개보다 7개가 증가한 1,007개가 남아 있었다고 한다. 영상을 소개한 그의 얼굴에는 자부심이 가득했다.

그는 한국 언론에도 소개되었던 '양심 냉장고' 관련 동영상도 보내 왔다. 그해 여름, 중국의 주요 도시에 설치된 '양심 냉장고'는 중국인들 사이에서 최대 화두였다. 폭염이 한 달째 기승을 부리던 7월 말, 중국의 여느 도시와 마찬가지로 쿤산 시 런민루에도 양심 냉장고가 설치되었다.

이 양심 냉장고는 대로변에 위치한 상점 주인들이 자발적으로 설치했다고 한다. 환경미화원과 교통경찰, 택배 기사와 같이 하루 종일 야외에서 일하는 사람들에게 과일과 생수를 무료로 제공하기 위해서였다. 냉장고 안에는 생수는 물론 음료수와 과일 등이 가득 채워져 있었다. 이런 사랑의 냉장고 설치 운동은 저장성 항저우 시에서 처음 시작해서 중국 주요 도시로 확대되었다고 한다.

잠시 일손을 멈추고 수박을 꺼내서 나누어 먹는 환경미화원들, 음료수를 꺼내 마시는 교통경찰의 미소 짓는 얼굴이 인상적이었다. 더 놀라운 사실은 처음에는 상점 주인들이 냉장고를 채워놓았지만 시간이 갈수록 주변 사람들에 의해서 냉장고가 가득 채워졌다고 한다.

이런 사실을 뒤늦게 확인한 인터넷 토론방에서는 '감동적이다', '중국인으로서 자긍심을 느낀다'부터 '선진국이 된 것 같다' 등 폭발적인 반응이 이어졌다.

분명 의미 있는 변화였다. 오랜 중국 생활 동안 처음 보는 광경이었다. 늘 중국 사람들은 이기적이라고만 생각해 왔던 나에게 신선한 충격이었다. 경제는 압축 성장이 가능하지만 시민의식은 단기간에 큰 변화를 기대하기는 어렵다. 성숙된 시민의식을 갖추기까지는 시간이 필요하다.

개혁 개방 40년 동안 앞만 보고 달려오는 과정에서 중국은 주변에 친구가 없다고 핀잔을 듣기도 했다. 경제력과 힘의 논리로 주변국을 대해 왔기 때문이다. 그동안 국가도 개인도 물질문명의 노예가 된 듯한 중국이었다. 그런데 어느덧 남을 배려할 줄 아는 성숙한 시민의식까지 갖추어 가고 있다. 아직은 시작에 불과하지만 막강한 부를 축척한 중국인들이 주변으로부터 존경받고 남을 배려하는 시민의식까지 갖춘다면 정말로 무서운 나라가 될 것이다.

# 잠자던 중화의
# 전통을 깨우다


    흔히 중국 사회를 '예측 불가능한 사회'라고 말한다. 법과 제도보다는 권력의 힘에 의해서 의사가 결정되는 경우가 많기 때문이다. 수시로 변경되는 제도도 중국 사회를 한 치 앞을 내다볼 수 없게 하는 데 한몫 한다. 하지만 중국의 휴무일 제도*만큼은 예외다.

    해마다 연초가 되면 중국 정부는 이미 법으로 정해진 공휴일과 중복 휴무, 대체 휴무일 등을 조정하여 당해 연도 휴무 일정을 확정 발표한다. 노동자 입장에서 보면 어떤 경우라도 연간 법정 공휴일 11일은 보장받을 수 있다. 공휴일이 주말과 중복될 경우에도 휴무일을 조정하여 하루를 더 쉬게 하기 때문이다. 그렇기 때문에 주5일제를 시행하는 중국

---

\* 중국의 법정 휴무일은 원단(1일), 춘절(3일), 청명절(1일), 노동절(1일), 단오절(1일), 중추절(1일), 국경절(3일) 등 총 11일이다. 만일 휴일이 주말과 겹칠 경우 휴일을 하루 추가해 최소 3일은 쉰다. 또한 국가 공휴일인 휴무 기간 동안에는 고속도로 통행료 등을 면제하기 때문에 공원, 유원지 등에는 관광 인파로 인산인해를 이룬다.

에서 법정 공휴일이 있는 주에는 최소 3일 연휴는 기본이다.

중국의 휴무 제도는 중화인민공화국 수립 이후 '인민과 사회주의'라는 중국의 국가 정체성과도 궤적을 같이해 왔다. 이를테면 건국 초기부터 춘절(음력 1월 1일)에는 중국인의 정체성을 담았고 노동절(5월 1일)과 국경절(건국 기념일, 10월 1일)에는 노동의 신성함과 건국이념의 가치를 표현해 왔다.

개혁 개방 이후 고속 성장을 거듭하던 중국은 1999년에 이르러 50년간 변함없던 휴무일 제도를 일부 변경했다. 노동절과 국경절을 각각 3일 연휴로 변경한 것이다. 춘절과 더불어 황금연휴 기간이 늘어남에 따라 시장경제의 발전상을 상징적으로 보여준다는 평가가 뒤따랐다. 정부가 나서서 자본주의적 소비와 놀이 문화를 부추김으로써 경제 발전을 꾀하려 했기 때문이다.

실제로 중국 정부에서는 노동절과 국경절이 있는 주에는 그 전후의 주말을 조정한 일주일간의 황금연휴를 만들어 공표하기 시작했다. 관영 언론에서도 인민에게 황금연휴 기간 동안 놀이 문화를 통한 소비 활동을 권장했다. 이런 정책적 홍보는 중국인들의 놀이 문화를 급속도로 확대시켜 공휴일마다 전국의 유원지가 인산인해를 이루기 시작했다. 이로 인해 중국의 내수 시장은 급속도로 팽창하게 되었으며, 해외여행객의 증가세도 폭발적이었다. 이런 틀을 유지해 오던 중국의 공휴일 제도는 2005년 '강릉단오제'가 유네스코 세계무형유산으로 등재됨에 따라 큰 전환점을 맞게 된다.

많은 중국인들은 중국이 경제 발전에 여념이 없는 사이 한국이 자신들의 전통 명절인 '단오'를 강탈했다고 분노했다. (지금도 중국인들은 강릉단오제처럼 중국에서 건너간 미세먼지도 한국의 무형문화유산으로 등재하라고 비아냥거린다.)

강릉단오제는 단오절을 전후해서 강릉 지방에서 진행하는 향토 제사 의식이다. 대관령 고갯길의 안전통행과 풍작, 풍어를 위한 제례 의식이 중심이다. 중국의 단오는 초나라 시인 굴원의 죽음을 애도한 데서 유래했다고 한다. 강릉단오제의 유네스코 등재 소식에 화들짝 놀란 중국 국무원은 2006년 국가급 무형문화유산 목록을 발표했다. 여기에는 춘절, 청명절, 단오절, 칠석, 중추절 등을 포함한 한족과 소수민족의 70가지 명절을 등재했다. 이듬해인 2007년에는 국가 휴무일 제도를 다시 개정하여 청명절과 단오절, 중추절 같은 전통 명절을 법정 공휴일에 대거 포함시켰다.

휴무일 제도 개정은 그동안 시장경제체제를 도입하고 발전하는 과정에서 전통문화를 무시해 왔다는 자성의 목소리를 담았다는 해석이 많다. 특이한 점은 노동절 휴무를 3일에서 하루로 줄임으로써 노동절의 위상이 크게 달라졌다는 점이다. 사회주의 국가 중국이 건국 이래 가장 신성시하던 노동의 중요성을 스스로 깎아내렸다는 인상을 지울 수 없다. 다시 말해서 휴무일 제도 개편을 통해서 노동에 대한 가치나 이념보다는 전통과 놀이를 상기시키면서 중화로 대표되는 중국인의 정체성 복원에 초점을 맞추려는 의도가 다분해 보인다. 변화하는 시대상을 반영하려는 인상이 짙다.

강릉단오제의 유네스코 세계무형유산 등재를 계기로 전통적인 중화

가치를 복원시키면서 중국인의 정체성을 확보하려는 중국 정부의 노력은 계속됐다. 그 대표적인 예가 '노인권익보장법'* 제정이다. 중국 정부는 2013년부터 이 법을 시행하여 부모 방문 귀성 휴가를 법적으로 의무화하도록 명시했다. '1가족 1자녀 정책'이 정착되면서 고령화가 빨리 진행됨에 따라 "가족 구성원은 노인의 정신적 수요에 관심을 기울여야 하며, 노인을 홀시하거나 냉대해서는 안 된다"고 규정하고 있다. 전통적인 '효' 사상을 법으로 강제하고 있다. 실제로 안후이성 법원 판결에서는 딸과 사위에게 두 달에 한 번은 부모를 방문하라고 판결하는 판례가 나왔다. 가정 내부 문제를 법으로 다스리겠다는 발상에 문제가 있다는 지적이 나오고 있지만 '부모 봉양 문제가 얼마나 심각하면 이런 법까지 제정했겠느냐'는 시각도 공존한다.

전통 사상을 복원하려는 중국 정부의 노력은 이뿐만 아니다. 한동안 사라졌던 유교 사상에 관한 내용도 중·고등학교 교과서에 등장했다. 역사 과목도 필수과목으로 정했다. 고문이란 형태로 공자를 읽고 맹자를 논하기 시작했다.

중국 정부의 이 같은 전통문화 복원 운동은 자연히 50여 년 전 문화대혁명에 대한 역사적 공과를 되새기게 한다. 중국에서 문화대혁명은 전통적인 사회질서를 뿌리째 흔들어 놓았다. 수천 년 동안 이어져온 미풍양속이 봉건 잔재 취급을 받았고, 자식이 부모를, 학생이 선생을 공격

---

* 2012년 노인권익보장법을 수정하면서 빈곤 노인에 대한 최저생활 보장을 법적으로 명시했다. 특히 자녀가 주기적으로 부모를 찾아가 보살피도록 하는 규정을 신설했다. 지방정부는 80세 이상의 노인에게 양로 수당 지급과 무료 신체검사 의무 조항을 신설했다.

하는 행위가 오히려 장려되었다. 중국인이 예절을 중시하는 한국인의 품행을 가끔씩 흉내 내면서 놀라워하는 데는 전통을 잘 지켜 온 한국인에 대한 부러움과 전통문화를 스스로 파괴한 아쉬움이 함께 묻어 있다.

문화대혁명은 수천 년을 내려오던 향촌의 유교적 질서도 완전히 파괴했다. '파괴 없이는 건설도 없다', '모든 악귀를 쓸어버리자'는 구호가 전국에 울려 퍼졌다. 유교가 낡은 관습으로 여겨지면서 홍위병에 의해 공자의 묘까지 훼손되었다

개혁 개방 이후 경제 발전을 위해서 문화대혁명이라는 역사적 소용돌이조차 잊고 있었던 중국인들이 다시 움직이기 시작했다. 청명절과 단오절을 다시 끄집어내고, 숨도 못 쉬고 숨어 지냈던 노인의 권익도 수면 위로 올렸다. '공자가 죽어야 나라가 산다'고 외치던 그들이 잠자던 공자와 맹자를 부활시켜 유교 사상의 복원까지 꾀하고 있다.

50여 년 전 문화대혁명 당시 전통문화 파괴에 앞장섰던 홍위병은 지금 대개 60~70대 노인층이다. 결과적으로 중국 정부는 경로사상을 파괴한 그들을 존경하기 위해서 노인권익보호법을 제정한 셈이다. 그때 불었던 문화대혁명의 광풍을 짐작해보면 지금 중국 정부의 이런 노력은 아무리 생각해도 역사의 아이러니다.

# 시민의식을 대신하는
# CCTV의 힘


가끔 중국을 방문하는 P교수는 중국 경제 전문가다. 내륙과 도시 등 중국 각지의 변화상을 직접 확인하고 연구하는, 열정을 가진 분이다. 2018년 12월, P교수가 약 3년 만에 상하이를 찾아왔다. 그날 저녁 만남에서 그는 낮에 있었던 몇 가지 일화를 들려주었다.

우선 호텔에서 안면 인식 AI 시스템을 보고 처음에는 자존심이 상했다고 한다. 프런트에서 사진을 찍을 때는 죄인 취급당하는 느낌이 들었고 개인 정보 유출에 대한 우려도 컸기 때문이었다. 그러나 안면 인식 AI 시스템이 호텔 방문 열쇠 역할을 하고 고객의 안전에 관계된다는 설명에 어쩔 수 없이 응할 수밖에 없었다. 한편으로는 ICT 기술의 발전 속도에 놀라움을 금치 못했다고 했다.

P교수가 더 놀란 것은 깔끔하게 정비되어 가는 상하이 거리였다. 도로마다 잘 정비된 자전거 전용 도로는 눈을 의심하게 했다. 불법 주정차, 무단 횡단 등은 찾아볼 수가 없었다고 했다. QR코드 결제 시스템에

도 놀라기는 마찬가지였다고 한다. 가는 곳마다 휴대폰 결제 시스템이 생활화되어 있었고 신용카드를 잘 받아 주지 않아서 부끄러움을 느꼈다고 했다.

불과 3년 전에 비슷한 장소에서 P교수와 나눈 대화가 떠올랐다. 그때 나눈 대화의 주제도 오늘과 비슷했다. 하지만 그때는 대화의 결이 달랐다. 중국인들의 낮은 질서 의식에 대한 성토장이었다. 행인들은 신호등을 지키지 않고 무단 횡단을 일삼으며 여기저기 뒤엉킨 자전거 행렬은 언제쯤 중국도 시민의식이 성숙될까 하는 걱정을 불러일으켰다. 그러면서 우리는 중국의 취약한 교육 시스템을 탓하기도 했다. 그 실천 방안으로 우수한 교사 양성이 최우선이라는 훈수까지 두었다. 성숙한 시민의식 배양은 학교교육에서 출발한다는 인식 때문이다.

중국의 교육열도 한국에 결코 뒤지지 않는다. 자녀를 소위 말하는 명문 학교에 입학시키기 위한 입시 열풍은 상상을 초월한다. 하지만 실체를 들여다보면 실망감을 감출 수 없다. 중국에는 아직도 현직 교사가 불법 과외를 한다. 학부모도 자기 자식 성적만 올리면 된다고 생각한다. 인성 교육 따위는 안중에도 없다. 최근 들어 많은 변화를 거듭하고 있지만 그동안 학교에서 인성 교육을 기대하기는 힘들었다.

국가의 교육정책도 시민의식 함양과는 거리가 있다는 의견도 있다. 사실은 아니겠지만 인민의 시민의식이 성숙해지면 정부에 대한 저항 세력이 생기기 때문에 우민화정책을 폈다는 논리다. 우수한 인재들이 국가정책에 따라 실용 학문에만 집중하고 인문학을 기피했기 때문에 정신세계가 황폐해졌다는 주장도 있다. 이러한 이유를 들어서 지금 중국의 교육 시스템으로는 적어도 한 세대가 흘러야 성숙된 시민의식을 엿볼 수 있을 것이라는 데 의견을 모았었다. 그리고 시민의식이 성숙되기 전에는 거리의 무질서도 변화가 없을 것이라고 결론을 냈다. 불과 3년 전에 P교수와 내가 내렸던 '무질서한 상하이 거리'에 대한 진단과 해법이다. 돌이켜 보면 이런 생각은 부끄럽게도 중국 사회에 대한 걱정이 아니라 한국인으로서의 우월감 표시였다. 학교에서는 인성을 교육해야 하고 사회는 캠페인으로 시민의식을 함양해야만 거리 질서가 담보된다는 우리식의 성공 방식이 옳다는 전제였기 때문이다.

P교수의 소감대로 상하이 거리의 무질서 현상은 과거에 비해 몰라보게 달라졌다. 도로와 횡단보도를 구분하기 위해서 분리대를 설치했다. 4차선 도로의 차선을 좁혀서라도 자전거 전용 도로를 확보했다. 더 놀라운 사실은 가는 곳마다 CCTV를 설치해서 불법 주정차, 끼어들기, 무단 횡단 등 위법행위를 철저히 감시하고 있다는 사실이다. 위법행위로 적발된 차량이 부과된 범칙금을 납부하지 않고 시 외곽으로 벗어나기 위해 요금소를 통과하는 경우에는 요금소마다 설치된 대형 스크린에 차량 번호가 나타난다. CCTV로 중앙선을 침범한 운전자를 찾아내고 안전 벨트 미착용자까지 색출해서 범칙금 통지서를 집으로 보낸다.

여기서 그치지 않는다. 최고 수준의 안면 인식 기술을 대도시의 거리 질서 유지에 활용하고 있다. 혼잡한 길목에는 안면 인식 기술이 내장된 장치를 설치해 보행 신호 위반자의 신원을 곧바로 확인하는 시스템을 갖췄다. 무단 횡단을 하는 행인의 인적 사항을 길가에 설치한 스크린에 띄워 망신을 주는 경우도 있다.

당초 안면 인식 기술은 공안 부문의 치안유지와 감시를 위해서 개발됐다. 하지만 지금은 용도가 점점 다양해지고 있다. 안면 인식 기술의 약진 덕분이다.

일부 은행에서는 은행 카드 없이 현금인출기(ATM)에 설치된 카메라 안면 인식만으로 현금을 인출하는 서비스를 실시하고 있다. 지방 대도시에서도 이 시스템을 이용해서 관광지의 입장객 검표가 이뤄진다. 항만에서는 관광객 사이에 끼어 있는 밀수꾼이나 위법행위자도 색출해 낸다. 신용 불량자도 공항이나 고속철 역사에서 걸러진다. 이제 음식값 지불은 물론 공공장소에서 물품을 훔치는 사람을 단속하기 위해서도 이 시스템을 이용한다.

그러나 많은 외국인들이 중국 전역에 설치된 수천만 대가 넘는 CCTV를 통해 개인 정보 유출, 사생활 침해가 일어날 것을 우려하고 있다. 모든 사람을 잠재적 범죄자로 취급해 실시간으로 감시한다는 느낌 때문이다. 하지만 중국 정부는 아랑곳하지 않는다. 지속적인 경제 발전 속에서도 '통제 가능한 정부'를 만드는 것이 중국 정부의 나아갈 방향이기 때문이다. 한편으로는 경제 발전 과정에서 나타날 수 있는 무질서와 사회 혼란을 사전에 차단하는 데 목적이 있다.

서울 시가 높은 시민의식으로 깨끗하고 질서 정연한 거리를 유지하는 것과 상하이 시가 CCTV 같은 통제 시스템에 의해 잘 정비되어 가는 것은 중국인들이 보기에는 같은 결과다.

우리 입장에서는 늘 감시당하고 통제당하는 중국 사회를 이해하기 어렵다. 하지만 '교육의 힘'과 '성숙된 시민의식'만이 정돈된 거리를 유지할 수 있다는 '우리식 사고방식'에서 벗어나지 못한다면 중국에서 살아남기 어렵다. 중국은 체제 자체가 우리와 다르다. 우리가 우려해야 할 것은 진화하는 기술의 속도다.

# 중국이 다민족국가라고?

 쿤산 공장 시절부터 약 15년 동안 함께 일한 직원이 개인 사정으로 귀향하게 되었다. 개인사가 정리되면 자신의 고향인 장시성 주장 시에 봉제 공장을 설립해서 운영해 보겠다고 했다. 처음에는 쉬안청 공장에서 400킬로미터 이상 떨어진 곳이라 물류비용 부담 때문에 만류했다. 하지만 그동안 회사 발전에 기여한 공로를 생각하면 그의 도움 요청을 마냥 거절할 수도 없었다. 고민 끝에 부족한 설비와 인력까지 제공하면서 공장 설립을 지원했다. 사실상 자회사 성격의 협력 업체였다.

 몇 개월 지나 공장이 어느 정도 안정기에 접어들었다는 얘기를 듣고 그의 공장을 방문했다. 공장 책임자나 관리자들이 우리 회사의 품질 기준이나 관리 방법을 잘 알고 있기에 별다른 걱정은 없었다. 그런데 특이한 점은 80여 명의 근로자 중 절반에 가까운 인원이 머리에 이슬람교도의 히잡을 쓰고 있는 것이 아닌가? 이들은 서북 내륙지역인 닝샤후이족자치구로부터 이주해온 후이족이라고 했다. 그것도 이들이 자발적으로 이주해 온 것이 아니라 주장 시 정부가 닝샤후이족자치구 지방 정부에 연락해서 수천 킬로미터 떨어진 이곳까지 이주시킨 소수민족이라고 했다.

중국은 다수인 한족(약 91.5%)과 55개의 소수민족(약 8.5%)으로 이루어진 다민족국가다. 행정구역상으로 소수민족 자치를 위해서 5개의 자치구, 30개의 자치주, 117개 자치현 등을 두고 있다. 전체 인구수에서 소수민족이 차지하는 비율도 1964년 5.78퍼센트에서 2010년 8.49퍼센트(1억 1,300만 명)로 증가했다. 아직 민족으로 인정받지 못한 미식별 민족의 인구수도 73만 명에 달한다고 한다.

소수민족 인구가 이같이 증가한 이유는 문화대혁명 기간에 자신의 민족성을 속이고 지내다가 중국 정부가 민족 평등 정책을 발표하자 다시 원래의 민족 신분을 회복했기 때문이다. 게다가 중국의 산아제한정책인 '1가구 1자녀' 원칙도 소수민족에게는 적용하지 않은 데 따른 자연 증가도 한 요인이다.

이 같은 소수민족의 인구 증가에도 불구하고 중국 정부는 각 민족의 화합과 단결에 기초한 중화 민족론을 표방하고 있다. 민족 분리 주의에 따른 각종 소요를 차단하기 위함이다. 중국 정부는 형식적으로는 소수민족에게 자치권을 부여하고 있다. 하지만 실질적으로는 '하나의 중국'을 겨냥한 한족의 제한적인 배려일 뿐이다. 다시 말해서 전통적인 토착 지배계급에게는 하위 서열의 신분을 보장해 주면서 그들로 하여금 관할 지역을 관리하게 한다. 그러나 최종 의사 결정이나 권한은 중앙에서 파견한 한족이 맡는다. 명목상으로만 소수민족 자치일 뿐이다. 이와 같은 정책은 몽골족의 원나라와 만주족의 청나라 때부터 내려온 소수민족 관리 정책이다. (유력한 차기 지도자로 거론되는 후춘화 광둥성 서기는 2009년부터 2012년까지 네이멍구자치구 위원회 서기를 거쳤고 후진타오 전 주석도 1989년부터 1992년까지 시짱자치구 서기를 지냈다. 소수민족 관리 경험은 최고 지도자로 가는 필수 코스 같은 느낌이다.)

중국 정부는 이와 병행해서 소수민족 이주 정책을 펴고 있다. 내륙에 집단 거주하는 소수민족을 동남부 연안 지역으로 이주시키는 정책이다. 이주한 소수민족에게는 각종 특혜를 준다. 그 대표적인 것이 자녀가 해당 지역 대학 진학 시 특전을 주는 것이다. 최근에는 부모와 함께 이전한 후 3년 이상 거주하면 해당 지역 호구증(호적)도 발급해준다. (중국은 호적 제도가 엄격하다. 일반적으로 농촌 출신자가 대도시에 거주하더라도 신분증 변경은 어렵다. 자녀의 대학 입시는 반드시 출신지에서 치러야 한다. 입학 정원도 해당 지역의 호구증 보유자에게 우선 배정한다. 따라서 타 지역 출신은 대도시에 거주하더라도 신분증이 없으면 대도시에 소재한 대학에 진학하기가 어렵다.)

그러나 자세히 들여다보면 소수민족에게만 특혜가 주어지는 이 제도는 특혜가 아니라 소수민족 이간정책이다. 소수민족 거주지에서 타 지역으로 자발적 이주를 유도하는 데 목적이 있기 때문이다.

그리고 중국 정부는 이들이 떠난 내륙지역에 서부 개발 명분으로 한족을 집단 이주시킨다. 광산 개발권은 물론 상권과 취업 기회까지 한족이 독점하게 한다. 이에 따른 부작용으로 2009년 위구르족 봉기와 2011년 몽골족 네이멍구 봉기 같은 대규모 분규가 발생했지만 중국 정부는 아랑곳하지 않는다.

앞서 언급한 닝샤후이족자치구에는 전체 후이족 981만 명 중 불과 211만 명만 후이족 자치구에 살고 있다. 이름만 자치구인 셈이다. 나머지 후이족은 아라비아 상인의 후예답게 주로 상업에 종사하면서 중국 전역에 흩어져 있다. 자치구 내의 전체 인구 610만 명 중 한족이 60퍼센트 이상을 점하고 있어서 후이족 자치구 지위 유지도 사실상 유명무실해지고 있다.

후이족은 원래 아랍계지만 이제는 외견상으로 한족과 구별하기가 힘들다. 오랫동안 한족과 같은 지역에 살면서 지속적이고 광범위한 혼혈이 진행되어 왔기 때문이다. 게다가 한족 학교에 다니는 후이족 자녀는 이슬람교도인 부모와 달리 돼지고기를 먹는 등 민족적 정체성마저 사라지고 있다. 한족 중심의 동화정책이 사실상 성공을 거둔 셈이다.

중국 정부는 특히 우리에게 잘 알려진 신장과 티베트의 안정과 통합, 장기적으로는 위구르인, 티베트인의 중국 동화를 추진하고 있다. 소수민족이 거주하는 고산과 협곡, 사막 등 오지에 발전소를 짓고, TV를 무료로 공급해 한족이 주도한 중국의 발전상을 홍보한다. 2006년 7월 칭하이성 성도인 시닝과 시짱자치구 수도 라싸 시를 연결하는 고산철도(길이 1,956km, 5,068m에 높이에 위치한 탕굴라역은 세계 최고(高) 역으로 기네스북 등재)를 개통한 것도 티베트와 외부 세계 간 교통을 원활하게 해 티베트를 내지화 하려는 시도로 보인다.

중국 내 소수민족 수는 당분간 그대로 유지될지 모른다. 그러나 고유한 언어와 문자를 잃어버린 민족은 전통을 계승할 동력을 상실하고 만다. 우리 역사에서 여진족이란 이름으로 많은 영향을 끼쳤던 청나라의 만주족은 296년 동안 중국 대륙을 지배했다. 그러나 지금 만주족의 문자나 언어는 박물관에서나 볼 수 있다. 화려했던 선조들의 부귀영화는 차치하고 민족의 정체성마저 어느새 한족 속에 묻혀버렸다. 여기에 걸린 시간은 청나라의 멸망 이후 지금까지 100여 년이 전부다.

과거에는 어느 민족이 중국 대륙을 지배하든지 간에 소수민족은 특정 지역에서 폐쇄된 삶을 살았다. 그렇기 때문에 자신들의 언어와 풍습을 유지할 수 있었다. 그러나 지금은 소수민족이 자의든 타의든 경제 발전을 쫓아 전국으로 흩어져서 살고 있다. 한족 틈에서 살아남기 위해서는 보통화(중국 표준어)를 배워야 한다. 그러는 동안 자신들의 고유한 언어나 문자는 잃어버리게 된다. 자신들의 독립을 위해 비밀 조직을 만들거나 집단행동을 하는 것도 갈수록 힘들어진다. 자신들의 정체성 확립을 위한 응집력 결집은 꿈도 꿀 수 없다. 정보 통신 기술의 발전은 소수민족의 감시와 통제를 쉽게 하기 때문이다.

1982년에 제정한 헌법 제4조에서 "중화인민공화국의 각 민족은 모두 평등하다. 그 어떤 민족에 대한 멸시와 압박도 금지한다"고 규정하고 있다. 그리고 수많은 중국인들은 56개 민족이 함께 살아가는 것을 자랑으로 여긴다.

CHINA BUSINESS INSIGHT

PART 4

다시
중국으로 가는 길

# 그래도 시장은
# 중국이다

# 병자호란에서 길을 찾다

17세기 초, 지금의 중국 둥베이지방인 만주에 누르하치가 여진족을 통합하면서 후금을 세웠다. 당시 중국 땅을 차지하고 있던 명나라는 임진왜란 때 조선에 대한 파병 후유증과 반란 등으로 국력이 쇠퇴하기 시작했다. 조선의 광해군은 명나라와 후금 두 나라 사이에서 적당히 거리를 둔 중립 외교를 펼쳤다.

그러나 서인을 중심으로 한 광해군 반대파는 광해군을 몰아내고 인조를 왕위에 올렸다. 인조반정(1623년) 후 조선은 명나라와 가깝게 지내고 후금과는 거리를 두는 '친명배금' 입장을 취했다. 그러자 후금은 조선에 형제 관계를 요구하며 정묘호란(1627년)을 일으켰다. 그 후 명나라를 무너뜨린 후금은 국호를 '청'으로 바꾸고, 조선에 대해 군신 관계를 요구했다. 이때 조정은 끝까지 싸우자는 척화파와 적당히 얘기하여 화해를 하자는 주화파로 나뉘었다.

결국 조선은 청나라의 요구를 받아들이지 않았고 청나라는 병자호란

(1636년)을 일으킨다. 막강한 청나라 군대는 순식간에 한양까지 쳐들어왔고, 인조와 신하들은 남한산성으로 들어가 45일간 대항했지만 떠오르는 최강자 청나라의 공격을 당해 낼 재간이 없었다. 마침내 인조는 청 태종 앞에 항복하며 민족사에 '삼전도의 굴욕'이라는 트라우마를 남겼다.

병자호란은 우리 역사에서 차지하는 비중만큼이나 주는 교훈도 많은 사건이다. 물론 여기서 역사적 사건이나 인물을 두고 공과를 논하자는 것은 아니다. 단지 당시 조선의 험난했던 시대 상황 속에서 지금 중국에 진출해 있는 한국 기업인의 위기 대처 방법을 찾아보기 위함이다.

400여 년 전 동북아시아 상황을 지금의 한반도 정치 지형과 단순 비교하기는 힘들다. 그때와 지금의 국가 위상 자체를 서로 견줄 수 없기 때문이다. 임진왜란 발생부터 병자호란까지 50여 년간 조선의 위상은 풍전등화나 다름없었다. 청나라의 침략이 가시화되었음에도 인조는 자기 합리화와 무책임으로 일관했다. 조선의 국가 경제력은 허약해져 최소한의 군대조차 유지하기 힘들었다. 이에 반해 21세기 한국의 국력은 어떤가? 세계 10위권의 경제력과 이에 준하는 군사력까지 갖춘 나라다. 지금 국민들 사이에 아무리 정치 불신이 팽배했다고 해도 그때처럼 무책임한 조정이 다시 들어선다면 국민의 힘에 의해서 소환되고 말 것이다. 국민들의 높은 정치의식은 돈으로도 살 수 없는 또 하나의 국방력 중 하나다.

그러나 한반도의 지정학적 위치나 주변 강대국의 영향력은 그때나 지금이나 변함이 없다. 한반도 비핵화 협상 과정에서 나타난 우리의 한계를 보면서 임진왜란 때 나라의 운명을 명나라에 맡기다시피 했던 아품도 되새기게 된다. 사드사태 때 '경제적 이득은 중국에서 챙기고 안보는 미국에 의탁하는 구도를 깨라'는 중국의 기세를 보면서 청나라와 명나라 중에서 어떤 나라를 섬길지 선택을 강요받은 당시 조선 백성들의 심정을 이해할 듯했다.

미국과 중국 사이에서 실리 외교를 펴야 한다고 주장했다가 뭇매를 맞은 것과 명나라와 청나라 사이에서 외줄 타기 외교를 했던 광해군의 선택과는 무슨 차이가 있는지도 생각하게 한다. 인조와 서인들이 내세웠던 명나라와의 의리 지키기를 지금의 시대 상황과 비교해 보면서 역사는 반복된다는 진리를 다시 한 번 체험하게 된다.

이와 같이 외부적 요인은 현재진행형이다. 게다가 그때나 지금이나 우리의 선택지는 그렇게 많지 않다. 지금 우리가 할 수 있는 것은 무엇일까?

첫째, 고정관념으로부터 벗어나는 것이다. 전 세계 200여 개국 중에서 G2 국가인 미국을 겁내지 않고 중국을 우습게 보는 국가가 있는데 그게 바로 북한과 한국이라는 우스갯소리가 있다. 북한은 미국에게 '맞짱 뜨기' 때문이고 한국은 중국을 아직도 30년 전의 그 나라로 바라보기 때문에 생긴 말이다. 실제로 한국이 중국을 약소국으로 보거나 업신여긴다는 뜻은 아니다. 중국의 위상 변화를 잘 알면서도 내심으로 인정하고 싶지 않은 심리가 작용하는 것 같다.

우리가 영원히 중국보다 우월적 지위에 있을 것이라는 생각은 편견과 무지에서 비롯된 오해다. 과거 수천 년 동안 한반도는 부침을 거듭했다. 대륙에 통일 왕조가 들어서면 한반도는 어김없이 평지풍파를 겪었다. 이와 반대로 대륙이 분열했을 때는 나름대로 실익을 얻었다. 청나라의 멸망과 함께 조공을 통한 중국의 조선 내정간섭도 막을 내린 것이 좋은 예다. 20세기 후반에는 단군 이래 처음으로 중국을 능가하는 경제 발전과 정치 민주화를 이루어 냈다. 우리의 노력으로 이루긴 했지만 중국이 지리멸렬했기에 그들의 간섭으로부터 자유로웠던 것이다. 이념이란 장벽이 가로막아 준 것도 한몫했다.

그 결과 1992년 한중 수교 이후에는 짧은 시간 동안이나마 한국 기업은 중국에서 그들보다 우월적 지위를 누릴 수 있었다. 그런 면에서 25년 동안 중국에서 기업 활동을 한 우리 세대는 축복받은 세대다. 많은 사람들이 중국을 황금 알을 낳는 거위로 생각했다. 우리 기술력으로 영원히 중국보다 우위에 있을 것으로 착각했다.

지금 중국은 한족이 대륙을 네 번째로 통일하고 설립한 국가다. 이들은 불과 한 세대 만에, 역사상 그 어느 통일 왕조보다 넓은 영토와 기세를 자랑할 만큼 성장했다. 되돌아보면 중국은 오래전부터 '제국의 야심'을 드러내고 있었다. 몇 년 전, 시진핑 국가 주석이 한국의 대통령 특사를 하석에 앉혀서 논란이 된 적 있다. 시진핑 국가 주석이 다른 나라 특사를 면담할 때는 그들과 나란히 앉았지만 유독 우리나라 특사를 면담할 때는 자신은 상석에 앉고 우리 특사를 홍콩 행정청장 대하는 것과 같은 모습을 연출했다. 그것도 모자라서 우리 특사에게 훈계하듯 대하는 모습을 여과 없이 언론에 내보냈다.

그동안 우리는 중국 특수에 취해서 이런 중국의 속내를 잊고 살았다. 사드사태는 우리에게 '지정학적 차이나 리스크'의 위험성을 깨우쳐 준 계기다. 중국이 우리를 친구로 생각하지 않는다는 것도 그때 알았다. 중국은 단순히 한반도 사드 배치를 반대하는 것이 아니라 사드사태를 계기로 한국을 극복 대상으로 여기고 있었다는 사실을 통보해준 셈이다. 사실상 내정간섭 수준이었다. 큰 손실을 입은 기업은 불행한 일이지만 국가적으로는 예방주사를 맞은 셈이니 그나마 다행이다.

다시 한 번 400년 전으로 돌아가 보자. 인조반정으로 권력을 잡은 서인들은 후금을 오랑캐 나라로 여기며 멀리했다. 여러 차례 협상의 기회가 있었음에도 불구하고 기득권 세력은 만주족을 야만족이라고 무시하고 외면했다. 보고 싶은 것만 보고 듣고 싶은 것만 들었기 때문에 이런 고정관념을 쉽게 깨지 못했던 것이다.

지금 우리는 어떤가? 과거 수십 년 동안 우리를 지배한 이념의 사슬에 묶여 아직도 우리가 중국을 앞선다고 생각하고 있는지도 모른다. 자본주의는 사회주의 체제보다 우월하다는 고정관념을 하루아침에 지워버릴 수 없기 때문이다. 하지만 싫건 좋건 시대변화를 읽어야 한다. 그것은 반도에서 살아온 우리의 숙명이다.

둘째, 패배주의의 극복이다. 우리는 사드사태를 겪으면서 자신감을 많이 잃었다. 수많은 기업이 속수무책으로 당하고 있을 때 국력에 걸맞은 목소리 한 번 내지 못했기 때문이다. 만일 그때 촛불시위나 대선 정국이 아니었다면 우리 기업이 그렇게 당하지는 않았을 것이라는 볼멘소리도 한다. 그러나 이런 가정은 인조반정 없이 광해군이 계속 정권을 유지했다면 장수들도 인조에 의해 숙청당하지 않았고, 후금은 대기근으로 스스로 붕괴되었을 것이라는 추측과 다를 바 없다. 부질없는 상상이다.

역사에 가정이란 있을 수 없는 일이기 때문이다.

일부 국제정치학자들은 강대국에 둘러싸여 있어서 가장 손해를 보고 있는 나라로 한국과 폴란드를 꼽는다. 주변 강대국에 둘러싸여서 국력에 비해 과소평가 받고 있다는 의미도 된다. 역설적으로 수많은 열강의 침략 속에서도 아직 건재한 것은 내공이 있다는 방증이기도 하다.

지금 한국은 한반도 역사상 최강의 나라다. 실제로 한국의 국력은 30-50클럽에 들 정도다. 30-50클럽은 1인당 국민소득 3만 달러 이상, 인구 5,000만 명 이상의 조건을 만족하는 국가를 가리키는 용어다. 한국보다 이 클럽에 먼저 가입한 나라는 6개 나라밖에 없다. (1992년 일본, 1996년 미국, 2004년 영국, 독일, 프랑스, 2005년 이탈리아, 2019년 한국) 한 국가가 높은 수준의 국가 경쟁력을 갖추기 위해서는 국민경제 규모의 기준이 되는 1인당 국민소득과 함께 적정선의 인구 경쟁력도 갖추어야 하기 때문에 30-50클럽 가입은 쉽지 않다.

청나라에게 굴욕적인 항복을 한 후, 청나라 태종에게 인질로 잡혀간 척화파의 거두는 끝내 청나라 황실에 충성하기를 거부하고 죽기를 자청했다. 결국 청나라 태종은 이들 삼학사(홍익한, 오달제, 윤집)를 처형했다. 그러면서도 청 태종은 이들의 조국을 향한 의리에 감탄하면서 "나도 저런 신하가 있었으면 좋겠다"는 뜻을 담은 비를 세워 자기 신하들에게 귀감이 되게 했다. 그 '삼한산두' 비석은 지금 랴오닝성 진저우 시에 있는 보하이대학 구내에 보관 중이라고 한다. 탁상공론만 일삼다가 나라를 잃게 한 죄로 후세에게 지탄을 받고 있는 관리들이지만 그 기개만큼은 중국인들 틈에 끼어 사는 우리에게 큰 울림을 준다.

예로부터 중국은 주변국을 인정하지 않으려고 했다. 늘 우월적 지위를 누리고 싶은 제국의 본능 때문이다. 그때마다 약소국에게 조공과 군신 관계를 요구했다. 공평한 내용이라고 자유무역협정(FTA)에 서명해놓고 잉크도 마르기 전에 자신들이 불리하다고 재협상을 요구하는 장면을 보면 시대와 공간만 다를 뿐이지 그들의 논리는 옛날이나 지금이나 별반 차이가 없다는 느낌을 지울 수 없다.

시대 변화에 따라 유연하게 대응하지 못하면 굴욕을 맛볼 수밖에 없다. 아직도 사드만 탓하면서 일반 제조업 수준에서 우리 사고가 머물러 있다면 중국에서는 필패뿐이다. 우리가 우월하다는 오만도 버려야 한다. 주변국을 오랑캐라고 무시했던 과오를 반복하지 않기 위함이다. 약자라는 피해의식으로부터도 벗어나야 한다. 이는 사대주의의 다른 모습일 수 있다. 그것이 병자호란이 주는 교훈이다. 그런 의미에서 병자호란에 대한 사용 설명서는 400년이 지난 지금까지도 유효하다.

# 미워도 다시 한 번,
# 차이나 어게인

서울에서 택시를 탔다. 늘 생각하지만 택시 기사 중에는 참 똑똑한 사람이 많다. 이런저런 손님과 대화를 나누면서 들은 바가 많기 때문인지 베테랑 기사들은 이미 잡학 박사다. 물론 나라 걱정도 많은 애국자들이다. 그날따라 라디오에서 북미 정상 협상 관련 보도 중에서 종전 협정에 관한 뉴스가 흘러나왔다.

"종전 협정에 왜 중국, 저것들이 끼어들어? 손님은 어떻게 생각합니까?"

택시 기사의 갑작스러운 질문에 입장이 난처했다. 기사와 심층 토론을 할 수가 없었다. 괜히 트집 잡히기도 싫었다. 정확하게 말해서 백미러에 비친 그의 눈빛에 서려 있는 애국심을 당해 낼 자신이 없었다. 그는 내 답변을 기다리지도 않고 흥분하기 시작했다. 나보다는 훨씬 애국자였음이 분명했다. 그 흥분 속에는, 조금 전 나에게 던진 질문에 대한 답이 이미 담겨 있었다. 현재의 중국을 인정하고 싶지 않다는 뜻이었다. 그만의 인식은 아닐 것이다. 이 시대를 사는 우리의 공통된 현실일 수도 있다. 우리 주변에 등장한 또 하나의 강대국이 우리에게 부담스러운 것이다. 그래서 중국이 한국전쟁의 휴전협정 당사자임에도 불구하고 종전협정 서명식에 참석하는 것을 싫어하는 것이다.

우리는 객관적으로 우리보다 강하다고 생각하는 나라 사람들을 칭할 때 '놈'자를 붙이는 습관이 있다. 미국놈, 왜놈, 되놈……. 이에 반해 우리보다 약하다고 생각하는 나라 사람들에게는 친절하게도 사람이라고 대우(?)해준다. 스리랑카 사람, 베트남 사람이라고 칭하는 것이다.

이런 인식 때문인지 은연중에 중국 경제의 추락을 기대하는 사람도 없지 않다. 내심 중국이 정치적으로 위기를 겪기 바라거나 미국과의 무역전쟁에서 중국이 큰 손해를 입기 원하는 사람도 있다. 이런 분위기는 사드사태 이후에 더욱 증가되었다. 그러나 실제로 중국이 경제적으로 곤경에 처하게 되면 우리 경제에 미치는 타격도 불을 보듯 뻔하다. 전체 수출의 3분의 1이 대중국 수출이기 때문이다.

수많은 한국 기업이 중국을 떠나고 있다. 직접적인 사드 보복으로 철수한 기업부터 원가 상승을 이기지 못해 동남아로 떠난 기업까지 이유도 다양하다.

중국 기업과의 좁혀진 기술 격차를 견디지 못해 철수한 기업도 상당수다. 산업의 흐름으로 볼 때 한계 기업이나 이미 경쟁력을 상실한 기업은 어쩔 수 없다. 실제로 지난 25년 동안 한계 기업은 늘 있어 왔다. 그들이 떠나면 또 다른 기업이 자리를 채웠다. 하지만 요즘은 경쟁력이 있어 보이는 일부 중견 기업까지 선제 조치로 규모를 줄이거나 철수 길에 동참하는 것을 보면 아쉬움이 남는다. 좋은 시절에 비하면 예상되는 차이나 리스크는 녹록지 않을 것임은 분명하다. 하지만 그동안 쌓아 온 노하우마저 포기하고 매력적인 이 거대 시장을 떠나는 것이 너무 아쉽다.

한번 기업이 철수한 후 다시 중국 시장에 진입하기 위해서는 두세 배의 투자와 노력이 필요하다. 그리고 중국만큼 실질 구매력이 있는 거대 소비 시장을 찾기는 현실적으로 불가능하다는 점도 아쉬운 이유다.

중국의 시장 규모는 우리의 상상을 초월한다. 이제 과거의 중국이 아니다. 중국인들의 소득 수준도 눈에 띄게 향상되고 있다. 이에 따른 구매력도 과거와는 비교할 수 없을 정도다. 소득 불균형이 심각한 사회문제가 되고 있는 것은 사실이다. 하지만 그 와중에 막강한 구매력을 갖춘 중산층 수는 급속도로 증가하고 있다.

일부 전문가들은 연간 가처분소득 기준으로 1만 5,000달러 이상 인구가 2020년에 4억 명 이상 될 것으로 추정하고 있다. 소비 시장 규모 면에서 중국을 대체할 만한 시장이 아직은 없다. 매년 1억 명 이상이 해외로 나가 명품의 60퍼센트를 싹쓸이한다.

중국의 자동차 판매량은 2009년부터 세계 1위 자리를 줄곧 유지하고 있다. 당분간은 중국을 추월할 나라가 없다. 경기 침체로 전년도보다 2.8퍼센트 감소했는데도 2018년 기준으로 2,808만 대를 기록했다. 이는 미국의 1.6배 수준이다. 특히 2018년 배터리 자동차와 플러그인 하이브리드 자동차를 포함해 중국의 전기 자동차 판매량은 120만 대에 달했다. 압도적인 세계 1위를 넘어서 친환경 차 시장의 기술과 산업 자체를 선도하고 있다.

중국 정부의 경제정책도 변화하고 있다. '세계의 공장'에서 거대 소비 시장으로 전환하는 것이다. 여기에는 경제성장 동력을 생산 중심에서 소비 중심으로 옮겨 가기 위한 야심 찬 계획도 포함되어 있다. 과도한 무역 흑자 발생으로 인한 무역마찰을 줄이면서 환경문제까지 개선해 보겠다는 복안도 담고 있다.

실제로 중국 정부는 2018년부터 수차례에 걸쳐서 많은 소비재 항목의 수입관세를 인하했다. 특히 미중 무역전쟁으로 자동차와 자동차 부품에 대한 수입관세를 8~25퍼센트 수준에서 6퍼센트로 낮췄다. 미국이 중국의 굴기를 제어함으로써 관련 기업의 숨통을 트게 한 것 같다.

한 걸음 더 나아가서 자동차 업계의 중국 현지법인 설립 방법도 과감하게 변경했다. 외국계 기업의 지분율 50퍼센트 상한선을 단계적으로 폐지하기로 한 것이다.

그동안 중국 정부는 글로벌 자동차 업체가 중국에 진출할 경우 반드시 합작사 형태로 진출하는 것만 허용했다. 자국의 자동차 산업을 보호하고 선진 업체의 기술을 쉽게 이전받을 목적 때문이었다. 이 규정에 따라 중국에 진출한 글로벌 업체는 중국의 자동차 업체와 지분 구조가 5대 5 합작사 형태가 대부분이다. 이런 지분 구조는 의사 결정 구조를 느리게 해서 경영의 최대 장애물로 거론되어 왔다.

이런 정책 변화에 발맞춰서 2019년 1월, 미국의 전기차 제조업체 테슬라가 중국 상하이에 공장 건설을 시작했다. 이는 테슬라가 글로벌 자동차 업체 중에서 100퍼센트 자회사로 중국에 처음 진출한 사례다. 일본과 한국의 자동차 업체가 공장 철수와 축소를 결정할 때 미국의 테슬라는 중국에 연간 50만 대 생산 규모의 전기차 생산을 위해서 약 50억 달러(약 5조6,000억 원)를 투자한 것이다. 거대한 중국 시장의 친환경 차 구매력 때문이다.

구글은 세계 최대의 인터넷 검색 서비스 기업이다. 구글은 지난 2010년, 중국 정부의 인터넷 통제 정책에 반기를 들고 중국에서 사업을 철수한 후 홍콩으로 이전했다. 그 결과 중국에서 구글 검색은 불가능하다. 구글 플레이스토어도 접속이 안 된다. 그 반사이익으로 중국 소프트웨어 시장은 텐센트와 바이두 같은 중국 거대 기업의 독무대가 되었다.

구글은 다시 중국 진출을 위해서 노력하고 있다. 중국 정부의 검열요구를 수용하면서 한정된 검색 결과만 보여주는 검색엔진을 개발한다는 것이다. 일명 '드래곤플라이 프로젝트'*라 불리는 이 정책 때문에 구글 내부의 반발도 극심하다고 한다. 중국에 AI 센터도 개설했다. 중국 현지 기업과의 전략적 파트너십 체결을 통해 구글 플레이스토어를 운영할 계획이다.

직원들로부터 인권침해는 물론 비굴하다는 비난을 받으면서까지 중국 시장에 다시 진출하려는 구글의 노력은 눈물겹다. 이유는 간단하다. 빠르게 성장하고 있는 글로벌 대표 소비 시장을 더 이상 외면할 수가 없는 것이다.

우리 기업이 어려움을 견디다 못해 중국을 떠나는 사이 거대 다국적

---

* 중국 정부 당국의 검열 정책에 맞춰 구글이 개발하고 있는 중국용 검색엔진으로, 인권, 평화적 항의 등 광범위한 범주의 정보를 차단하도록 고안된 것이다. 중국의 공산 정권을 강화하는 데 도움을 준다는 논란이 점점 확대되고 있다. 이에 따라 개발 중단을 요구하는 공개서한에 구글 직원 수천 명이 서명했고 세계 곳곳 구글 지사에서 시위가 벌어졌다. 국제 앰네스티를 포함한 인권 단체까지 가세하며 힘을 더하고 있다.

기업은 중국으로 되돌아오고 있다. 힘들게 개척한 중국 시장을 다국적 기업에게 통으로 넘겨주지는 않을까 걱정이 앞선다. 수출로 먹고사는 우리로서는 중국 시장은 '미워도 다시 한 번'이다.

# 한국이 부러운 이유,
# 중국이 부러운 이유

몇 해 전 한 모임에서 만난 일본인으로부터 부러움을 산 적이 있다. 평소에 좀처럼 속내를 드러내지 않는 그들이었기에 기분은 나쁘지 않았다. 촛불시위를 두고, 어떻게 100만 명이 한자리에 모일 수 있느냐는 것이었다. 나는 짐짓 목소리를 높여 우리는 4.19를 경험한 지금의 80대부터 민주화를 이루어 낸 7080세대까지 5천만 국민 거의 대부분이 역동적인 삶을 살아온 사람들이라고 덧붙였다.

그는 한일 월드컵 이야기로 주제를 옮겨 갔다. 만일 일본이 결승전에 진출했어도 한국과 같은 그런 열정적인 응원은 없었을 것이라고 했다. 동일본 대지진 발생 이듬해인 2012년에는 20만 명이 모여 원전 반대를 외쳤지만 바뀐 것은 하나도 없다고도 했다. 그러자 옆에 있던 다른 지인이 거들었다. 한일 양국 간 인구 비례로 따지면 일본에는 촛불시위에 240만 명이 참가해야 하는데, 그 인원이 한곳에 모이면 일본열도가 무게중심을 잃고 기울지 않겠냐고 농담까지 했다. 실제로 일본인들은 한국 사람들의 이런 역동성을 부러워한다.

그뿐만이 아니다. 일본인들이 부러워하는 것이 또 있다. 한국 사람들의 외국어 실력이다. 사실 비슷한 언어 구조를 가진 한일 양국 사람들은 영어와 중국어를 익히는 데 상당한 어려움이 있다. (미국 생활 중에 느낀 점이지만 그래도 한국인의 영어 실력은 일본인보다는 낫다.) 특히 중국인들이 보기에도 한국인의 중국어 구사 능력은 단연 으뜸이다. 실제로 한국인이 중국어 실력을 발휘하는 데는 이유가 있다. 외국어는 자신감이다. 한국인은 중국인 앞에서 절대로 기죽지 않는다. 발음이 좀 틀려도 상대방이 이해할 때까지 계속한다. 실력이 늘 수밖에 없다. 여기에 비해 일본인은 남에게 폐 끼치는 것을 싫어한다. 어설픈 말로 남 앞에 실수하는 것을 부담스러워 한다. 무엇보다 일본인은 중국어 자체를 배우려고 하지 않는다. 자녀도 국제 학교나 중국 학교에 보내지 않는다. 일본 학교만 고집한다. 내심 일본은 강대국이라는 뜻이다. 실제로 중국에 있는 거의 대부분의 일본인은 일본에 가서 유학한 중국인을 통역으로 데리고 다닌다.

이런 일본인이 정말로 부러워하는 사람이 있다. 중국에 살고 있는 조선족이다. 간혹 중국에서 성공한 한국 기업가를 보면 일본인은 애써 깎아내린다. 중국에는 조선족이 있어서 한국 기업이 자신들보다 유리하다는 이유에서다. 일본인의 평가가 아니더라도 냉정하게 분석해보면 중국에서 한국 기업만큼 유리한 외국 기업은 없다. 한국인의 열정과 투지는 아무도 흉내 내지 못한다. 그 어느 외국인보다 뛰어난 중국어 실력으로 무장한 직원들도 있다. 거기다가 200만 조선족이란 지원군이 포진해 있으니 일본 기업이 볼 때는 부러울 수밖에 없다.

돌이켜 보면 조선족 동포는 초기 한중 교류의 중재자였다. 그들은 예나 지금이나 우리의 소중한 자산임은 분명하다. 하지만 이런 조선족이 중국에 거주하는 한국인에게 이익만 주는 것은 아니다. 해마다 수백만 명의 한국 관광객이 중국을 찾지만 중국 땅에 한국인 가이드는 없다. 물론 중국의 정책 때문에 외국인 가이드는 설 자리를 찾기가 어렵지만, 이러한 정책은 태국을 비롯한 동남아 국가도 마찬가지다. 그러나 그런 나라에는 한국인 관광 가이드와 현지 가이드가 역할 분담을 하면서 공존한다.

중국에는 조선족이 있기 때문에 한국인 가이드가 끼어들 틈이 없다. 만일 중국에 조선족이 없었다면 중국에 유학 온 수많은 청년들이 동남아처럼 분업해서 관광 가이드로 활동하고 있을지도 모른다. 한때 한국 교민 10만 명이 모여 살았다는 상하이에 얼마나 많은 자영업이 성업했을까? 그중 상당수는 이제 조선족이 차지하고 있다. 한국인과의 불협화음도 끊이지 않는다. 지금도 많은 한국인 자영업자가 조선족과의 경쟁이 힘겨워 중국을 떠나고 있다.

그러나 길게 보면 조선족은 분명 우리의 자산이다. 어느 나라든 교포들은 2세, 3세로 내려가면서 모국어를 잊어버린다. 미국 등지의 교포 자녀는 한국어 구사가 어렵기 때문에 그들로부터 한국인의 정체성을 기대하기는 어렵다. 이에 비해 중국의 조선족은 3세, 4세가 되어도 모국어를 간직하고 있다. 거기다가 조선족은 사회주의와 자본주의를 모두 경험한 사람들이다. 한국 기업의 경영 철학도 잘 안다. 중국 시장의 흐름도 잘 파악하고 있다.

이런 조선족 사회가 붕괴되어 가고 있다. 조선족의 터전인 헤이룽장성, 지린성, 랴오닝성 등 동북3성에 거주했던 조선족은 한때 200만 명을 넘었다. 하지만 지금은 동북3성에 조선족 없는 조선족 마을이 급증하고 있다. 실제로 조선족 집단촌이 가장 많은 옌볜조선족자치주에는 2017년 기준 전체 인구 210만 명 중에서 조선족은 75만 명으로 36퍼센트 정도다. 한족이 125만 명으로 60퍼센트를 차지함으로써 무늬만 조선족 자치주가 되어 가고 있다. 감소 속도도 점점 빨라진다. 한국 기업의 중국 진출로 대도시를 비롯한 연안 지역 이농 현상이 가속화 되었다. 한국으로의 이주도 조선족 감소 현상을 앞당기고 있다.

2018년 기준 한국 내 체류 조선족 동포는 87만 8,000명(한국 국적 회복 인원 포함)으로 전체 체류 외국인 236만 명의 37.1퍼센트에 달한다. 이제 조선족을 만나려면 옌볜이 아니라 서울 대림동에 가야 한다는 농담 섞인 얘기가 나올 정도다.

일본 기업인들이 조선족이 있는 한국 기업을 부러워하듯이 우리가 부러워하는 집단이 있다. 최대 5천만 명으로 추정되는 화교들의 인적 네트워크다. 화교란 중국 본토나 대만·홍콩 등 중화권 밖에 이주해 사는 중국인을 말한다. 이들은 어느 나라에 살든 관계없이 중국계라는 사실만으로 끈끈한 네트워크를 형성하고 있다. 국경 밖에 위치하는 또 하나의 중국인 셈이다. 동남아시아 지역에서는 화교들의 경제력이 막강해서 심지어 한 국가의 경제계를 장악하고 있을 정도다. 동남아시아 대외무역의 40퍼센트 정도를 화교들이 장악하고 있다. 그래서 화교들은 유대인과 더불어 글로벌 경제계의 숨은 세력으로 평가받는다. 개혁 개방 초기부터 중국 정부가 화교들의 인적자원과 자본을 이용했다는 것은 널리 알려져 있다.

그 목적은 다소 차이가 있지만, 중국 정부는 최근 들어서 본토에 6개월 이상 취업하거나 유학 중인 대만인들에게까지 거주증을 발급하고 있다. 기본적으로 중국인과 똑같이 공공서비스·시설을 이용할 수 있도록 한다는 데 그 목적이 있다. 대만 출신 기업인에게 중국 정부 입찰에서 중국 기업과 동등한 대우를 해주고, 경영 활동을 보다 자유롭게 할 수 있도록 했다. 특히 대만인 석·박사 학위 소지자에게 일자리 알선은 물론 추가 인센티브도 제공할 방침이다. 대만 정부는 중국 정부의 '하나의 중국' 정책을 추진하는 연장선으로 파악하고 의심의 눈초리를 거두지 않고 있지만 말이다. 하지만 중국 정부는 우선 대만 기업인들의 경험을 필요로 하고 나아가 젊은 고급 인력 유치를 위한 장기 포석으로 이 정책을 시행하고 있다.

지금까지 우리는 조선족 동포를 포용의 대상이 아닌 외국인 인력 중 하나로 인식해왔다. 1948년 대한민국 정부 수립 이전에 해외로 이주한 동포 및 직계비속은 재외동포법 적용 대상에서도 제외했었다. 국내에서 발급되는 외국인 등록증에는 여권에 있는 영문 이름만 표기되다가 최근 들어서 한글 이름을 병기한다. (조선족 자치구에서도 신분증에 한글 이름을 병기한다.) 이제는 그 관리 대상을 중국 내에 거주하는 조선족에게까지 넓혀야 한다.

사실 조선족만큼 뛰어난 중국 전문가는 세계 어느 나라에도 없다. 특히 이들은 중국인 신분이라 향후에 북한과의 접촉에 있어서도 한국인보다 훨씬 유리하다. 더 늦기 전에 분야별로 뛰어난 인재를 데이터베이스화해서 관리해야 한다. 개별 기업에 맡겨 놓기에는 너무나 아까운 자산이다. 물론 중국 정부의 견제도 우려된다. 하지만 더 이상 중국화되기 전에, 한국으로 이주 인구가 늘어나기 전에 국가가 나서서 관리하고 지원하는 방안을 연구해야 한다. 우리는 흔히 말하듯이 풍부한 자원을 가진 나라가 아니다. 향후 경제 영역을 확대하기 위해서는 인재를 활용하는 방법밖에 없다. 그러기 위해서는 화교들의 인적 네트워크 활용법을 타산지석으로 삼아야 할 것이다.

# 위기인가
# 기회인가?

# 또 다른 열정페이!
## 불공정 거래

한인회 지인에게 전해 들은 사례다. A사장은 한국에서 자수성가한 중소기업인이었다. 평생을 장인정신 하나만으로 30여 년 긴 세월을 모질게 살아왔다. 몇 년 전, 10년 넘게 거래한 B업체에서 공장을 중국으로 이전한다는 소문이 나돌았다. 한국 공장은 점차 축소할 예정이라고 했다. A사장은 B사와 동반 진출이냐 아니면 거래 관계를 중단하느냐를 놓고 고민했다. 닥쳐올 미래를 알면서도 미리 준비하지 않은 것을 후회했다.

A사장의 판단으로는 중국까지 따라가기는 부담스러웠다. 파견 인력 구조도 취약했고 본인 나이도 걱정이었다. A사장은 만일의 경우를 대비해 관련 분야 영업 직원까지 채용하고 외국 업체에 납품할 신제품까지 개발했다. 그런데 B사는 A사장 회사가 타사와 거래를 하면 이미 발주된 물량까지 취소하겠다고 통보해왔다. A사장은 울며 겨자 먹기로 거래 완성 단계에 접어든 외국계 공장과의 관계를 끊을 수밖에 없었다.

A사장은 결국 B사와의 동반 진출을 결정했다. 온갖 노력 끝에 겨우

가동 단계에 접어들었다. 그런데 B사의 중국 법인장이 경영 실적 악화에 따른 책임을 지고 귀국해 버렸다. 처음에는 미안하다는 답변이라도 있었지만 이제는 연락마저 끊겼다. 신임 법인장은 자기 소관이 아니라면서 발뺌했다.

우리 주변에서 가끔 볼 수 있는 사례다. 갑, 을, 병으로 연결되는 납품 업체 간 '갑질문화'가 해외에 진출한 중소기업을 힘들게 하고 있다. 혹자는 대기업 중심으로 수직 계열화되어 있는 이런 구조를 우리나라만의 독특한 기업 생태계라고 한다. 이는 동반 성장이 아니라 함께 저승으로 가는 길이다.

이와 같은 수직 구조는 하청기업의 기술 발전을 가로막는다. 대기업의 지시에만 충실하면 되기 때문에 중소기업은 기술 개발 자체가 불필요하다. 미래에 대비해서 새로운 기술을 개발하고 싶어도 매년 후려치는 납품 단가에 생존마저도 버겁다. 중소기업이 혁신 역량을 키우고 성장하고 싶어도 여력이 없는 것이 현실이다. 설사 창의성을 발휘해서 우수한 기술을 개발해도 상급 업체에서 낚아채 가버린다.

수직 계열화된 다단계 피라미드 구조하에서는 그냥 상급 업체에서 시키는 대로 하는 것이 살아남는 방법이다. 그러다가 상급 업체가 위기라도 맞게 되면 추풍낙엽 신세가 되고 만다. 중소기업은 이런 불공정 사업 관행에 발목이 잡혀 기를 못 펴는 사이 대기업은 말 잘 듣는 하청업체 덕분에 땅 짚고 헤엄치기 식 돈벌이에 몰두한다. 그리고 연말이 되면 성과급 잔치다.

거기다가 과거 20여 년 동안 중국 특수까지 겹쳤으니 꽃길만 걸어온 셈이다. 수많은 한국 기업이 이런 구조에서 안주하는 사이 중국 토종 업체가 한국을 추월해 버렸다. 한국 경제가 일본과 중국으로부터 협공을 받을 것이라는 '샌드위치론'이 힘을 받을 때, 한국과 중국의 기술 격차는 4.7년이었다. 불과 10여 년이 지난 지금, 반도체 등 일부 분야를 제외하고는 기술 격차를 가름하기조차 힘들다. 한국 기업이 '갈라파고스 증후군'*을 겪는 사이 서로 갈 길이 멀어져 버린 것이다.

일부 전문가들은 갑질 문화는 '거울뉴런'과 관련이 있다고 한다. 사람은 누구나 남이 하는 것을 보고 내 뇌에서도 같은 반응을 한다는 말이다. 을은 갑에게 당한 불공정을 병에게 그대로 답습한다. 이런 연결 고리를 끊어야 한다. 일부에서는 갑질도 합리적 갑질이면 이해가 간다고 한다. 제일 억울한 갑질은 을보다 능력이 현격히 떨어지면서 권력의 힘만 믿고 갑질을 하는 경우다. 마음을 떠나게 만든다. 마음이 멀어지면 비즈니스 관계도 틈이 생긴다. 피해는 고스란히 회사가 입게 된다.

한국 기업은 지금이라도 신발 끈을 다시 묶어야 한다. 대기업의 지나친 가격 후려치기는 협력 업체의 의욕을 잃게 할 뿐만 아니라 대기업의 경쟁력까지 상실하게 한다. 과도한 원가절감은 부품의 품질 저하로 연결된다. 2010년 도요타는 1천만 대 리콜 사태를 불러왔다. 10년 동안 원가절감으로 얻은 이익보다 훨씬 더 많은 50억 달러 이상의 손해를 입

---

* 최고의 기술력으로 만들었기 때문에 전 세계적으로 쓸 수 있는 제품인데도 자국 시장만을 생각한 표준규격을 사용하여 글로벌 경쟁에 뒤처지는 현상을 가리키는 말이다. 남아메리카 대륙에서 약 1,000킬로미터나 떨어져 있는 갈라파고스 제도에서 다른 대륙 생물의 영향을 받지 않고 독자적으로 진화한 고유종이 발견된 것에 빗댄 표현으로, 일본의 다케시 교수가 소니, 파나소닉 같은 기업이 1990년대 이후 다른 외국 기업에 정상의 자리를 내준 원인을 분석하며 제시한 개념이다.

었다. 그로 인해 도요타는 부도 직전까지 내몰리기도 했다. 도요타 리콜 사태를 반면교사로 삼아야 할 것이다.

중국에 진출해 있는 한국 기업은 공정한 산업 생태계를 만드는 것이 급선무다. 그래야만 글로벌 경쟁력을 갖출 수 있는 강소기업이 탄생할 수 있다. 중소기업의 경쟁력은 곧 대기업의 기술력으로 이어지기 때문에 중소기업과 상생하지 않고는 향후 중국에서 사업할 기회조차 오지 않을지 모른다. 한번 떠난 소비자는 되찾기 쉽지 않다. 중국에서 생존 게임은 마라톤과 같다. 한번 뒤처지면 따라잡기가 여간 힘든 게 아니다. 경쟁자가 즐비하기 때문이다. 경쟁력의 원천은 상생에 있다.

# 중국 시장 바로보기

2017년 9월, 중국의 사드 보복이 한창일 때 주중 한국 대사는 "한국 기업 철수, 사드 때문만은 아니다"라는 발언으로 후폭풍을 맞았다. 이 같은 주중 대사의 발언에 정치권과 재계는 대사의 상황 인식에 문제가 있는 것 아니냐는 의문을 제기하기도 했다. 특히 일부 야당에서는 "도대체 어느 나라 대사인가"라는 제목의 브리핑을 내놓기도 했고 "주중 대사를 포함한 외교, 안보 라인을 전면 재검토하라"는 반응을 보이기도 했다.

그렇다면 이 발언을 둘러싼 팩트는 무엇일까? 다음 내용은 주중 대사의 이 발언이 있기 2년 전, 2015년 9월 '중국 시장서 뒷전으로 밀리는 한국 자동차·스마트폰'이란 제목으로 보도된 한 언론사 보도 내용 중 일부다.

2011년 이후 중국 내 스마트폰 시장 판매 1위를 달려온 삼성은 지난해 (2014년) 후반기부터 부쩍 고전하고 있습니다. 올해 사정은 더 나빠졌습니다.

시장조사기관인 IHS 테크놀로지 중국 본부에 따르면 삼성의 중국 스마트폰 시장점유율은 올해 2분기에 한 자릿수 대(9%)로 떨어지며 5위까지 추락했습니다. 샤오미와 화웨이라는 두 중국 브랜드가 1, 2위를 차지했고 애플이 그 뒤를 이었습니다. 중국의 또 다른 제조사 비보가 삼성을 밀어내고 4위로 올라섰고 오포 레노보 등 중국 후발주자도 삼성을 턱밑까지 추격하는 형세입니다.

〈중략〉

현대차 그룹 역시 지난해까지 고공 행진을 거듭하다 올해 고비를 맞고 있습니다. 현대차의 중국 합작 법인인 베이징현대는 5월 판매량이 지난해 동기보다 12.1퍼센트 준 것을 시작으로 6월, 7월에는 각각 30.6퍼센트와 32.4퍼센트나 판매량이 급감했습니다.

기아차의 중국 합작 법인 둥펑위에다기아 역시 지난 7월과 8월의 판매량이 작년 같은 기간에 비해 33.3퍼센트와 44.7퍼센트나 급감했습니다. 이 같은 부진은 중국 경제의 성장률 둔화로 파이는 커지지 않는 상황에서 저가형 SUV 등을 앞세운 중국 토종 업체가 폭발적인 성장세를 기록하며 점유율을 높인 것이 주된 원인으로 분석됩니다.

실제로 삼성 스마트폰은 중국 시장에서 아이폰만큼의 최고급 대우를 받지 못하고 현대차 역시 폴크스바겐, 아우디 등과 브랜드 파워로 경쟁하기에는 부족하다고 이 대표는 지적했습니다.

(출처 : SBS NEWS 2015. 09. 22)

이 기사에는 사드라는 단어는 등장하지 않는다. 한국의 대표 상품인 휴대폰과 차량의 중국 시장점유율 급락 원인으로 중국 토종 업체의 폭발적인 성장세를 꼽고 있다. 정확한 분석이다. 한국 국방부의 사드 배치 발표는 2016년 7월이며 중국 정부 차원에서 사드 보복이 본격적으로 시작된 때는 2016년 연말부터이기 때문이다.

다시 정리를 하자면 중국 기업이 기술 고도화와 가성비를 앞세워서 한국 기업을 맹추격하고 있던 중에 사드사태가 터졌다. 그 결과 사드사태는 한국 상품의 중국 내 시장점유율 하락에 기름을 부은 셈이다.

그렇다면 한국 제품의 대중국 수출은 어떨까? 불행히도 구조적인 문제를 안고 있다. 중국은 그동안 가공무역 형태의 수출 정책을 펴 왔다. 후발 주자로서 어쩔 수 없는 선택이었다. 그 결과 주요 원자재와 중간재의 상당량을 외국에서 수입하면서 세계 경제성장과 교역의 견인차 구실을 해왔다. 그 덕분에 중국은 우리 기업뿐만 아니라 많은 글로벌 기업에게 막대한 이윤을 보장해주는 화수분이기도 했다.

한국무역협회에 따르면 한국의 2017년 대중국 수출 규모는 1,421억 달러다. 이 가운데 중간재가 차지하는 비중은 78.9퍼센트에 이른다. 국내에서 생산한 중간재를 중국에 수출한 이후 중국 생산 기지에서 완제품을 만들고 중국 내수나 미국 등 해외로 수출하는 형태가 일반화되어 있기 때문이다. 그렇기 때문에 중국의 산업생산이 늘어나면 자연스럽게 우리의 대중국 수출도 확대되고 우리 기업의 수익성도 개선되었다.

하지만 앞으로는 이러한 구조도 유지하기 어렵다. 중국 제조업체가 주요 부품과 원자재의 국산화 비중을 크게 늘리고 있기 때문이다. 중국 정부는 핵심 부품과 원자재의 국산화 비율을 2020년까지 40퍼센트, 2025년에는 75퍼센트까지 끌어올린다는 계획을 발표했다. 중국의 중간재 국산화 추세는 앞으로 가속도가 붙고, 범위도 첨단 소재와 부품으로까지 확대될 전망이다. 중국이 중간재의 기술 고도화를 통해 한국산 중간재 수입 비중을 대체하면 우리의 수출 길은 자연스럽게 좁아진다.

거기다가 중국은 임가공을 통한 가공무역 비중을 낮추고 있다. 실제로 중국의 전체 수입액에서 가공무역 비중은 2010년까지 40퍼센트 선을 유지하다가 2017년부터 30퍼센트 아래로 떨어졌다.

더 큰 문제는 우리의 중간재 수출구조가 사실상 본사와 중국에 진출한 지사와의 거래라는 데 있다. 중국에 진출한 자회사가 경쟁력을 유지하기 위해서 값싼 중국산 중간재를 사용하게 되면 본사의 수출은 줄어들 수밖에 없다.

그렇다면 한국 수출은 앞으로 지금까지의 일반 제조업이 아닌 첨단 산업 분야로 진출하거나 소비재 수출을 늘려야 한다. 불행히도 한국의 대중국 수출에서 소비재가 차지하는 비율은 4퍼센트대에 불과하다. 중국 소비재 수입 시장에서 한국 제품이 차지하는 비율은 2005년 6.6퍼센트에서 2015년 4.8퍼센트로 오히려 줄어들었다. 품목도 화장품, 분유 등 극히 제한적이다. 문제는 이런 수치가 늘어날 기미조차 보이지 않는다는 데 있다. 우리가 중간재 수출에 안주해 있을 때 미국과 유럽 각국의 고급 소비재가 중국 시장을 선점했기 때문이다.

한중 수교 이후 중국에 처음 진출한 기업은 대부분 노동집약적 산업이었다. 이들 업종이 한계에 부딪치자 전자, 기계, 자동차, 화학 등 일반 제조업이 이들을 대체했다. 이제 이들 업종마저도 선택의 기로에 서 있다. 그렇다면 산업의 흐름상 4차산업 관련 업종이 이들 일반 제조업을 대체해야 하는 것이 순리다.

그러나 지금 중국의 산업 발전 속도를 보면 그것도 녹록지 않다. 정확하게 말해서 우리가 끼어들 틈이 없어 보인다. 지금 중국에서 비약적인 발전을 거듭하고 있는 몇 가지 업종을 살펴보자. 우선 연관 산업이 많기로 소문난 중국의 고속철도망은 2018년 기준으로 2만 9,000킬로미터다. 전 세계 고속철도의 3분의 2가 중국 고속철도로 타의 추종을 불허하는 세계 1위다. 2020년까지 약 3만 킬로미터로 확대하고, 국내 주요 도시를 거미줄처럼 연결할 예정이다. 고속철도는 철도 그 자체만으로도 첨단 제조업의 상징으로 받아들여진다. 게다가 첨단 ICT 기술을 접목함으로써 관련 산업 발전의 원동력이 되고 있다.

4차산업의 핵심이라고 할 수 있는 인공지능 산업은 본격적인 성장기에 접어들었다는 분석이 지배적이다. 2017년 중국 국무원은 '차세대 인공지능 발전 계획'을 발표하면서 2030년까지 중국을 글로벌 인공지능 선도 국가로 발전시키겠다는 야심 찬 계획을 발표했다. 중국 최대의 포털 업체인 바이두도 이 분야에 뛰어들어서 연구 개발에 투자하고 있다.

로봇 산업을 빼놓고서는 중국의 차세대 산업을 설명하기 힘들다. 실제로 애플의 휴대폰인 아이폰을 생산하는 폭스콘 장쑤성 쿤산 공장은 생산 현장에 로봇 생산 시스템을 도입하여 총 11만 명의 제조 인력을 5만 명으로 줄였다. 폭스콘은 10년 내에 노동력의 80퍼센트를 로봇으로 대체하겠다는 계획을 가지고 있다. 중국 정부는 로봇 산업을 국가 전략산업으로 육성하고 있다. 장기적으로는 노동인구 감소와 고령화에 대비하기 위한 포석이다.

그 외에도 DJI*라는 한 회사에서 세계 시장의 75퍼센트를 장악하고 있는 드론 산업, ICT 관련 스타트업 분야, 공유 경제, 친환경 차량 등 많은 분야에서 중국이 산업 자체를 선도해 나고 있다.

우리 경제는 중국과는 불가분의 관계다. 앞에서 열거한 몇 가지 산업 중에서 우리가 주도할 분야는 얼마나 될까? 막연하게 중국 시장만 탐하던 시대는 지났다. 과거와 같이 우리가 중국 시장에서 주도적인 역할을 하기는 쉽지 않다. 중국에 대한 정확한 이해가 전제되어야 한다. 그래서 중국 시장을 다시 보아야 한다. 그 속에서 우리가 가야 할 길을 찾을 수 있을 것이다.

---

* 2006년 광둥성 선전의 한 잡지사 창고에서 20대 청년 4명이 뜻을 모아 창업한 드론 메이커다. 지금은 세계 민간 드론 시장의 75퍼센트를 장악하고 있다. DJI는 창업 13년 만에 직원 1만 4,000명을 둔 글로벌 기업으로 성장했다. 상업용 드론 시장에서 DJI는 스마트폰에서 애플과 같은 존재다. 창업자 중 한 명인 프랭크 왕은 드론 업계의 스티브 잡스로 불린다. 값싸고 저품질이라는 중국산에 대한 편견을 깨고 있는 대표 주자로 평가받고 있다.

# 트렌드를 읽고
# 문화를 팔아라

2019년 3월, 오래전부터 알고 지내던 중국 건축업자 J사장을 만났다. J사장은 20여 년 전 공장 수리업으로 사업을 시작했다. 늘어나는 외자 기업은 그에게 둘도 없는 기회를 제공했다. 공장 수리업에서 경험을 쌓은 J사장은 공장 신축으로 사업 영역을 넓혀 나갔다. 지금은 남부럽지 않은 중견 건설업자가 되어 있다. 경제 발전에 따른 최대의 수혜자 중 한 명인 셈이다.

J사장은 지금 장쑤성 쿤산 시 신시가지 맞은편에 1,500세대가 넘는 고층 아파트 단지를 건설하고 있다. 입지 조건과 높아지는 분양가 등에 관해서 설명을 듣던 중 놀라운 사실을 전해 들었다. 이 정도 규모의 아파트 단지 내에 상가 건물이 한 칸도 없다는 것이다. 변화의 속도는 어느 정도 예상했지만 너무 빠르다는 생각에 이유를 물었다. 환경문제로 인해서 정부의 허가도 엄격하지만 상가 수익률이 낮기 때문에 분양을 기대할 수 없다는 판단에서 건설을 포기했다는 것이다.

지금 중국의 젊은 세대는 인터넷 구매가 일상화되었기 때문에 일반적인 상가는 더 이상 설 곳이 없다. 이에 따라 온라인 시장은 점점 커지고 있고 백화점과 같은 대형 쇼핑센터는 어려워지고 있다. 실제로 사드 사태를 전후해서 철수한 한국 기업 중 상당수는 대형 매장을 가진 업체이거나 유통 전문 회사, 의류 패션 등 오프라인 매장에 수익을 기대했던 회사들이다. 시내의 작은 상점도 세입자가 자주 교체되는 것을 보면 인테리어 업자만 배 불린다는 얘기가 근거 없는 말은 아닌 것 같다.

소비성향 자체도 변화하고 있다. 녹차만 마시던 과거의 중국인이 아니다. 젊은이들이 커피를 찾게 되자 윈난성의 넓은 녹차밭이 커피밭으로 바뀌었다. 과거와 같이 싼 가격만 따지는 시대도 지났다. 고급화된 이들의 입맛은 호주나 뉴질랜드 분유 시장을 싹쓸이하고 있다.

한국산 화장품도 인기가 높다. 한류 때문이다. 하지만 중국에서 한류는 단순히 지나가는 한 가지 유행일 뿐이다. 중국인들은 한류를 존경하거나 그 자체를 갖고 싶은 욕망보다는 남의 것에 대한 관심, 그 이상도 이하도 아니다. 과거에 한국의 드라마, 예능 프로, 영화 등은 한류라는 이름으로 인기를 끌었다. 그 후, 한국 포맷을 표절하거나 응용하는 방식으로 자체 포맷을 개발하여 지금은 중국 소비자의 눈높이에 맞춘 콘텐츠가 이 분야의 시장을 장악하고 있다.

지금 중국은 화장품 제조 기술이 한국에 비해 뒤떨어지기 때문에 한국 화장품에 대한 관심이 높다. 궁극적으로 그들이 원하는 것은 한국의 화장품 제조 기술이다. 당분간은 한국계 공장에 ODM(제조업자 개발 생산 방식)형태로 수입할 것이다. 그 후 필요한 인력을 스카우트하고 자체

생산을 시작할 것이다. 이런 과정은 모든 분야에서 기술 격차를 좁힌 방식이며 지금까지 끊임없이 반복되는 패턴이다.

빠링허우와 주링허우 세대는 시장의 질서를 변화시키고 있다. 이들은 검소하게 생활하면서 재산 축적에 관심을 가졌던 이전 세대와는 사고가 다르다. 미래에 대한 투자보다는 개인 취향에 따른 소비지출을 늘린다. 소득의 거의 전부를 소비하는 신세대를 일컫는 '월광족'이라는 신조어가 생겨날 정도다. 이들은 가격 대비 품질까지 체크하면서 중국 전체 소비자의 눈높이까지 높여 놓았다.

특이한 것은 이들은 개방적인 취향 일변도 같지만 한편으로는 민족주의 성향도 강하다는 점이다. 부모 세대에 비해 풍족하게 성장하면서 '중화사상'에 대한 자긍심이 생겼다는 분석이다. 교육의 힘도 한몫했을 것이다. 이러한 성향은 이들의 소비에 그대로 나타난다.

한국의 중·장년층에게는 잘 알려지지 않은 사례가 있다. '크로스파이어'는 2007년 한국에서 처음 출시된 게임이다. 서비스를 시작할 당시에는 접속자가 너무 없어서 그냥 테스트급으로 취급했으며 흥행에 실패하는 듯했다. 그런 크로스파이어가 2008년 중국에 진출한 이후 이듬해 동시 접속자 100만 명, 2010년 200만 명을 돌파해 나가며 중국의 국민게임이라 불릴 정도로 대성공을 거두었다. 급기야는 2012년 동시 접속자 수 420만 명을 기록하면서 세계 1위로 기네스북에 등재되는 쾌거를 이루기도 했다.

크로스파이어가 중국에서 엄청난 흥행을 이룬 것은 철저한 사전 준비가 있었기 때문이다. 우선 전투 장소에 나오는 모든 건물과 간판을 중국풍으로 교체했다. 검은색 총기 대신 중국 게임 유저들의 취향에 맞춰 황금색과 붉은색 색상이 가미된 총기를 만들었다. 캐릭터에도 군복 대신 중국 전통 의상을 입혔다. 중국 젊은이들에게 중국 문화를 판 것이 성공의 비결이었다.

이미 언론에 잘 알려진 바와 같이 오리온 초코파이는 중국에 진출한 기업인들 사이에서도 성공 모델로 늘 회자되고 있다. 중국에서 초코파이를 중국 제품이라고 생각하는 소비자가 많을 정도로 현지화가 잘돼 있기 때문이다. 초코파이는 사드사태 때 오리온이 한국 기업이라는 사실이 알려져 실적에 타격을 입었지만, 그 후 빠른 시일 내에 사드사태 이전의 매출 수준으로 회복됐다고 한다.

초코파이는 작명부터가 남다르다. '좋은 친구, 사랑'이란 의미를 담고 있다. 중국인들이 가장 소중하게 생각하는 가치인 인(仁)을 콘셉트로 잡아 중국 문화에 접목했다. 오리온의 현지 파견 직원들도 대부분이 10년 이상 근무한 베테랑이다. 최근에는 중국 내 SNS 인증 문화에 발맞춰 펀(fun) 콘셉트의 이색 패키지를 선보이는 등 젊은이들과 적극적으로 소통하기 위한 마케팅 전략을 펼치고 있다.

그 결과 초코파이는 중국 대표 기업 브랜드 연구 기관인 'Chnbrand'가 발표하는 '2019년 중국브랜드파워지수(C-BPI)' 파이 부문 1위에 선정됐다. 이 부문 4년 연속 1위다. 브랜드파워지수가 높다는 것은 소비자들의 충성도, 선호도, 인지도가 높다는 것을 의미하므로 향후 브랜드의 성장성이 높다고 평가할 수 있다.

많은 기업이 다국적기업 행세를 하다가 하루아침에 사라지곤 했다.

얄팍한 브랜드 인지도 하나 믿고 있다가 토종 기업의 추격에 추풍낙엽처럼 쓰러진 기업도 있다. 상품에 중국인의 문화를 담아서 20년이 넘도록 중국인의 변함없는 사랑을 받고 있는 초코파이가 어느 굴지의 대기업보다 돋보이는 이유다.

중국 소비 시장에서 살아남기 위해서는 자기 상품에 중국 문화를 담아야 한다. 중화라는 중국인의 자존심을 이해하지 못하면 중국인의 마음을 얻기 어렵다. 그것이 최고의 마케팅 전략이고 현지화의 마지막 단계라는 것이 이들 성공 사례에서 배우는 교훈이다.

의료, 교육, 고령화에 대비한 실버산업 등은 가까운 시일 안에 우리가 중국 시장에 진출할 수 있는 분야로 보인다. 하지만 이런 서비스산업 분야는 아직 중국 정부에서 덜 개방적이다. 특히 외국 기업에 배타적인 분위기와 관련 법규의 고무줄 적용으로 언제든 압박할 공산이 크다. 쉽게 넘을 수 없는 철옹성이 될 것이라는 의미다. 미리 트렌드를 읽고 문화를 팔 방법을 고민해야 한다. 거대한 시장만 믿고 진출했다가 이들의 취향에 맞추지 못하면 중국 시장에서의 성공은 백일몽이 되고 말 것이다.

# 아무도 가 보지
# 않은 길

# 중국 기업을 선택한
# 기술자의 현주소

"연봉 3배 줄게, 중국으로 올래?"

중국의 '반도체 굴기'를 위한 인력 낚아채기가 무시무시하다. 한국에서 받는 연봉의 3~9배를 5년간 보장하겠다는 조건을 내건다. 반도체산업 육성에 나선 중국으로서는 거액이 필요한 인수 합병 못지않게 전문 인력 확보가 필요하다. 최근 들어 한국 전문 인력에 대한 스카우트 제의가 부쩍 많아졌다.

이처럼 중국이 한국의 반도체 관련 고급 인력을 스카우트하는 이유는 중국이 반도체 최대 소비국이지만 정작 자국 내 반도체 산업 기반은 취약하기 때문이다. 중국은 한 해 수입하는 원유보다 반도체 수입액이 더 많다. 자국 내에서 소비하는 반도체 중 약 90퍼센트를 한국 등 외국 업체에 의존하고 있다. 이러한 반도체 수요의 불균형 해소를 위해 중국 정부가 직접 나선 것이다.

중국 정부가 반도체공업 집중 육성에 나선 또 다른 배경에는 과거의 경험도 한몫했다. 2000년대 초반까지만 해도 중국 내 디스플레이 산업은 존재감이 없었다. 2003년, 중국 BOE의 한국 하이디스 인수가 중국 디스플레이 산업을 급성장시킨 계기가 되었다. 한국 디스플레이의 핵심 기술과 인력 덕분이었다.

되돌아보면 중국은 거의 모든 업종에서 이와 같은 길을 걸어왔다. 불과 10여 년 전만 해도 중국인들이 가정에서 사용하는 TV, 냉장고 등 일반 생활 가전의 상당수가 한국 제품이었다. 그러나 요즘은 대도시의 아파트 난간에 설치된 에어컨 실외기는 거의가 토종 브랜드다. 이렇게 백색가전 분야에서 토종 업체들이 세계 굴지의 업체로 발돋움한 데는 한국 기술자들의 힘이 큰 역할을 했다.

최근 중국에서 한국 자동차의 위상은 어떨까? 중국 토종 브랜드와 유럽 자동차 사이에 낀 샌드위치 신세다. 한국 자동차는 토종 브랜드와 기술 격차는 줄어들었지만 가격은 비싼데 반해 유럽 차들과는 기술과 브랜드 이미지 면에서 뒤처지기 때문이다. 이들 토종 브랜드의 성장 역시 한국 기술자들의 기술력이 중요한 역할을 했다. 중국의 차량 관련 산업 분야에 많은 한국 기술자들이 취업해 있기 때문이다.

이런 경험 때문에 언론을 비롯한 많은 분야에서 한국 기술자들의 중국행에 대해서 우려의 목소리가 커지고 있다. 반도체뿐 아니라 화장품과 게임, 항공, 석유화학 산업 분야에까지 인력 유출이 심해진다면 국가 경제에 미치는 파급효과가 엄청나기 때문이다.

하지만 인수 합병과 이 분야에서 잔뼈가 굵은 인재를 스카우트하는 것은 경제 발전 단계에서 후발 주자가 기술 격차를 줄이는 전형적인 방법이다. 한국이라고 예외는 아니었다. '달빛관광(Moonlight Sightseeing)'을 빼놓고는 한국 반도체 신화를 설명할 수 없다. '달빛관광'은 1980년대 핵심 기술도 없이 메모리 반도체 사업에 뛰어들었던 삼성반도체가 핵심기술을 전수받는 과정에서 생긴 용어다. 일본의 핵심 기술자들이 금요일 밤에 비행기를 타고 한국에 와서 기술을 전수한 뒤 일요일 저녁에 일본으로 돌아가는 일이 빈번했다. 달빛을 보며 한국에 와서 달빛을 보며 다시 일본으로 돌아간다고 해서 붙여진 이름이다. 이런 노력 덕분에 한국은 일본을 밀어내고 세계 1위 메모리 반도체 생산 국가가 되었다.

그러던 우리가 기술 유출을 우려하고 있다. 2018년 초, 중국 화웨이가 세계 최초로 '트리플 카메라'가 탑재된 스마트폰인 'P20프로'를 출시했다. 가성비 최고라는 중국 스마트폰이 세계 1위 업체의 프리미엄 스마트폰보다 카메라 성능이 낫다는 평을 받았다. 그런데 이 기술은 한국의 중소업체가 개발한 기술이라는 사실이 언론을 통해서 알려졌다. 이 기술이 중국으로 건너간 근본적인 이유는 국내 산업 생태계에 있다. 국내에서 투자를 받지 못해서 세계 최초 트리플 카메라는 중국 브랜드를 달고 출시된 것이다.

지금의 첨단 기술과는 비교할 수 없지만 2000년대 초반, 우리 업계에서도 중국이나 대만 기업이 기술을 탐내던 때가 있었다. 대만 업체 사장의 요청으로 우리 회사에 근무했던 한국인 직원을 대만 기업에 소개해준 적이 있다. 그가 가진 기술은 대만 기업에 전수되었을 것이다. 하지만 그는 휴일이 되면 우리 회사를 찾곤 했다. 자연히 대만 기업의 노하우를 우리 직원들이 전달받았음은 물론이다. 기술을 준 만큼 얻은 것도 있었다는 의미다. 그 자리에 우리 직원을 소개시켜 주지 않았더라도 그 대만 기업은 어떤 형태로든지 기술자를 소개받았을 것이다. 오히려 그 직원은 한국 가죽업체를 비롯해서 화학약품까지 그 대만 업체에 소개시켜 거래를 성사시키는 역할도 했다. 하지만 기술을 이전받았던 그 대만 업체는 2014년 중국 공장을 철수하고 인도네시아로 이전했다. 공장이라는 것이 기술만 이전받는다고 해서 반드시 성공한다는 보장이 없다는 것이다.

기술을 보호해야 하는 기업 입장에서 해외로의 기술 이전과 유출은 가장 큰 고민거리다. 문서나 파일과 같은 물리적인 기술 정보는 예방을 잘하면 차단이 가능하지만 기술자가 몸소 체득한 지식, 경험, 노하우는 막을 도리가 없다. 퇴직자와 전직자들을 통해 중요 정보를 얻으려는 시도가 많은 이유가 여기에 있다.

하지만 기술이라는 것은 항상 높은 곳에서부터 낮은 곳으로 흐르기 마련이다. 이러한 흐름을 따라 산업의 주도권도 넘어가는 것이 자연적인 현상이다. 이런 흐름을 주도하는 주체가 바로 기술자인 것이다. 과거에 우리도 이런 과정을 거치면서 선진국과의 기술 격차를 좁혔다.

그럼에도 불구하고 지금 우리는 중국행을 택하는 기술자들을 부도덕한 사람으로 취급한다. 첨단 기술일수록 2~3년이 지나면 쓸모없는 기술이 되기 십상이다. 이런 기술자의 중국행을 비난하는 것은 올바른 모습이 아니다. 이들의 도덕성을 탓하고 애국심만 요구할 수는 없다. 중국 정부는 앞으로도 "기업은 가고 기술자만 남아라"는 식의 정책을 노골적으로 펼칠 것이다. 전 방위로 밀려올 보이지 않는 손 앞에 속수무책으로 당할 수는 없다.

이제는 한국 정부가 나서야 한다. 한국 경제의 토양이 될 만한 핵심 기술 보호 기준을 마련해야 한다. 핵심 기술을 국가가 일정 시간 동안 구입하는 것도 하나의 방법이다. 고급 인력의 중국행도 마찬가지다. 그 기준을 법률로 관리하고 범위를 벗어나는 기술자들의 중국행에 대해서는 탓하지 말아야 한다. 구조 조정이 일반화된 국내에서는 본인의 의지와는 상관없이 조직을 떠나야 하는 경우가 많다. 이들에게 중국행은 생존의 문제일 수도 있다.

최근 국내에서 인력 유출 방지를 위한 실험이 실시되고 있어 주목을 끌고 있다. SK하이닉스가 우수 엔지니어들의 정년을 폐지한다고 한다. 회사는 우수한 엔지니어가 일할 수 있는 환경을 마련하는 동시에 인력 이탈에 따른 기술 이전 및 추격을 예방할 수 있는 일거양득 효과를 거둘 것으로 기대된다.

돌이켜 보면 우리는 산업화 과정에서 이웃 국가와 때로는 경쟁하고 필요에 따라서는 협력하면서 늘 진화해 왔다. 새로운 제도는 끌어다 쓰기도 하고 신기술은 빌려 오기도 했다. 그 결과 1위에 올라선 분야가 많다. 이것이 우리의 몸에 각인된 반도인의 지혜다. 우리에게는 이런 DNA 가 있다. 우리는 괜찮고 남에게는 안 된다는 식의 논리는 또 다른 마찰만 부를 뿐이다. 지금이 그때다. 중국으로 향하는 그들을 탓할 것이 아니라 그들을 수용할 수 있는 산업 생태계부터 갖추어야 한다. 더 큰 고민은 중국으로 향할 새로운 기술이 많지 않다는 데 있다.

# '코리아 프리미엄' 시대가 온다

다음은 2019년 4월, 한 방송사에서 "中, 한국 기업 인수 뒤 기술 갖고 '먹튀'… 부메랑 돼 韓 경제 위협"이라는 제목으로 보도한 내용이다.

중국이 우리 기술력을 따라잡기 위해 쓰는 수법 가운데 하나가 한국 기업을 인수한 뒤 기술만 빼돌리고 내팽개치는 겁니다. 외환 위기 이후 반도체 빅딜이 이루어지면서 여러 기업이 이런 식으로 중국으로 넘어갔고, 결국 그것이 부메랑이 되어서 지금 우리 경제를 위협하고 있다는 분석이 나오고 있습니다.

쌍용차는 중국 상하이자동차에 매각된 뒤 5년 만에 법정 관리에 빠졌고, 2,600여 명을 구조 조정 해야 했습니다. 고용과 투자 약속은 휴지 조각이 됐고, 기술력만 쏙 빼 간 결과입니다. 하이디스도 마찬가집니다. 2003년 하이닉스 LCD 사업부에서 분리돼 중국 BOE에 매각됐지만, 3년 만에 부도를 맞습니다. BOE는 국내 투자를 끊고 특허와 인재를 빼

먹은 뒤, 5년 만에 손을 뗍니다.

공교롭게도 같은 날 다른 방송에서는 "중국 전기차 생산 기지로 바뀌는 대구·군산 … 현장 가봤더니"라는 제목으로 다음과 같은 기사를 내보냈다.

중국 기업들이 대구와 군산으로 몰려들고 있습니다. 두 지역을 중국의 전기 자동차 글로벌 생산 기지로 탈바꿈시키겠다는 구상인데요. 대구 광역시에 위치한 테크노 산업 단지입니다. 이곳 7,000평 부지에는 중국 자동차 부품 기업 쑹궈모터스가 SNK모터스와 9월 완공을 목표로 전기차 공장 설립을 준비 중입니다. 대규모 전기차 공장이 들어선다는 소식에 시민들은 큰 기대를 걸고 있습니다. 지난해 GM이 떠난 군산에도 중국 기업들이 전기차 공장을 세웁니다. 새만금 산업 단지 9만 평 부지에 연간 10만 대 생산 규모의 전기차 공장이 세워지고, 옛 GM 군산 공장도 5만 대 생산 규모의 전기차 공장으로 바뀌게 됩니다. 전기차 연간 생산 규모는 대구와 군산을 합쳐 모두 16만 대로 3만 대 수준인 한국 전기차 시장의 5배를 웃돌게 됩니다. 최소 1천 명 이상 직접 고용도 기대되고 있습니다. 중국 기업들의 공격적인 투자가 한국 자동차 산업의 지형 변화를 예고하고 있습니다.

처음 소개한 기사는 과거에 한국에 투자한 중국 기업들의 폐단을 언급한 내용이고 뒤에 소개된 기사는 미래에 중국 기업들의 투자 방향을 예측한 기사 같이 느껴진다. 지금까지 중국 기업은 한국의 고급 기술을 인수하기 위한 목적으로 한국에 진출했었다. 그 결과 '먹튀' 논란이 끊이지 않았다. 향후에는 어떨까? 특수한 몇몇 기술 분야를 제외하고는 기술을 빼돌릴 욕심에 한국 기업을 인수하지는 않을 것이다. 거의 모든 분야에서 기술 격차가 줄어들었기 때문이다. 이 같은 반대 여론에도 불구하고 중국 기업의 한국 투자는 늘어날 것이다. 하지만 넘어야 할 산은 많다. 제일 큰 걸림돌은 심리적인 문제다. 아직도 국민들 사이에서는 중국 기업을 받아들이기 쉽지 않다. 우선 선진국 기업이 아니라는 것이고, 중국 자본이 한국 기업의 생태계를 파괴하거나 자본시장을 잠식할 것이라는 우려 때문이다.

2018년 봄, 국내 유수의 타이어 업체가 중국 '더블스타'에게 넘어간 사례는 우리에게 시사하는 바가 크다. 돌고 돌아 결국 중국 자본에게 넘어간 경우에서 보듯이 자본의 논리 앞에서는 마땅한 대안이 없다. 채권자로서는 당연히 인수 조건이 좋은 기업에게 매각할 수밖에 없다.

그렇다면 어떤 경우에 중국 자본이 유입될까? 첫째, 중국 기업들이 프리미엄 소비 시장을 겨냥한 생산 기지로서 한국을 활용하는 경우다. 전기차 사례에서 보듯이 한국산, 즉 '메이드 인 코리아'로 포장해 글로벌 시장을 공략하겠다는 전략이 숨어 있다. 무엇보다도 '메이드 인 코리아'는 중국인들에게 '프리미엄'으로 인식되어 있기 때문이다. 핵심 부품인 모터와 배터리는 한국산을, 다른 부품은 값싼 중국산을 사용함으로써 가격과 품질에서 우위를 점할 수 있다는 계산도 깔려 있다.

둘째, 한국의 고급 기술을 활용하기 위해 투자가 이어지는 경우다. 통신 장비 분야 세계 1위 기업인 중국의 화웨이가 아시아 5G 공략 거점으로 한국을 선택한 것이 좋은 예다. 화웨이가 5G 오픈랩(서비스개발센터) 최초 개설 지역으로 한국을 택할 수밖에 없었던 이유는 분명하다. 중국에서는 2019년 말에야 5G 상용화가 가능하기 때문이다. 특히 이 개발센터는 5G 관련 기술과 부품 개발에 나서는 한국 대·중소기업들을 위해 통신 장비 테스트를 지원하는 등 칩셋·장비·단말기를 아우르는 엔드 투 엔드(End-to-End) 생태계를 제공하는 일을 한다. 국내 인재 육성에도 기여할 계획이라고 밝힌 바 있다. 약속대로라면 반대할 이유도 명분도 없다.

향후에도 생산원가가 다소 높더라도 한국을 생산 기지로 활용할 가능성은 매우 높다. 특히 분유, 화장품 등 한국산이 중국인들에게 인기 있는 품목에서 중국 자본의 이동이 본격화할 것으로 예측된다.

셋째, 다국적기업이 중국의 높은 생산원가를 피해서 한국에 투자하는 경우다. 일반적으로 기업은 특정 국가에서 생산원가가 상승하면 상대적으로 비용이 낮은 조건을 찾아 나선다. 아직은 중국의 생산원가 상승을 이유로 한국으로 공장을 이전하는 경우는 흔치 않다. 하지만 멀지 않는 미래에 이런 일이 발생하지 않는다는 보장은 없다. 중국의 생산원가도 가파르게 상승하고 있기 때문이다.

그런 의미에서 우리는 이제 인식을 전환할 필요가 있다. 중국 자본의 본격적인 진출에 대비해야 한다. 지금까지 우리가 중국에 투자하던 패턴을 바꿔 중국 자본을 한국에 유치해 중국으로 역수출하는 방법을 모색할 때다. 이런 경우 한국 부품 소재 기업과 중국 조립 기업 간, 유기적인 협력도 새로운 모델이 될 수 있다. 세계 최대의 소비 시장에 진출하기 위한 교두보로 한국은 안성맞춤이다. 그 투자의 주체가 중국 자본이 된다면 중국 시장 진출도 한결 쉬워진다.

일부에서는 일자리 창출을 위한 대안으로 해외에 진출했다가 국내로 돌아오는 기업을 지목한다. 그러나 해외시장 공략과 저렴한 인건비 등을 찾아 중국이나 동남아시아로 떠난 기업들이 다시 국내로 돌아오기란 쉽지 않다. 원가 대비 생산성을 높일 묘안이 없기 때문이다. 그것보다도 일자리 창출을 위해서는 차라리 중국 자본 유치가 더 현실적일 수 있다.

'중국이 우리의 생산 공장'이라는 고정관념에서 벗어나 우리가 '중국의 프리미엄 시장을 위한 생산 전진 기지'가 될 수 있다는 생각을 할 때 진정한 '코리아 프리미엄' 시대가 도래할 것이다. 중국의 생산원가가 우리와 비슷한 수준으로 상승한다면 다국적기업이 바다를 건너오는 시기도 더 빨라질 수 있다.

# 1992년 중국, 2019년 중국

1992년은 한국 경제사에서 큰 획을 긋는 한 해였다. 북방 정책의 화룡점정으로 한중 수교가 이루어진 해였기 때문이다. 당시는 반공 이데올로기가 세상을 지배하는 시대였기 때문에 중국으로 간다는 것 자체가 충격이었고 도전이었다. 적성국이었던 중국에 가기 위해서는 안보 교육이 필수였지만 기업의 해외 진출이라는 목적 달성을 위해서는 그런 불편 정도는 감당할 수 있었다.

일반 기업도 '국제화'에 첫발을 내딛던 시기였다. 국제화의 출발점은 20년 전 해체된 한 재벌그룹의 '세계경영'이란 슬로건에서도 찾아볼 수 있다. 물론 그 재벌그룹에 대한 일반인들의 시선은 아직도 혼란스러운 게 사실이다. 공과(功過)를 함께 가지고 있다는 뜻이다. 특히 과도한 차입경영과 분식회계 등으로 국민들에게 직간접적으로 엄청난 손해를 끼친 점은 아직도 공분을 사고 있다. 한때 재계 2위였던 그 재벌그룹의 몰락은 1인 지배 체제에서 오는 불안정성, 무모한 사업 확장 등의 부정적인 이미지도 강하다.

그럼에도 불구하고 '세계경영'이란 경영 이념은 왜 아직도 기업인들 사이에 회자되고 있을까? 노동집약적 산업이 주류였던 우리 산업계에 세계경영이란 화두는 한 기업의 경영 이념 그 이상의 의미를 지니고 있었다. 당시 그 그룹 총수는 1년에 절반 이상을 해외에서 뛰며 그룹의 신화를 창조했다. 일부 언론은 새로운 시장 개척자였던 그를 빗대어 '칭기즈 칸'이라 부르기도 했다.

기존의 사고를 뛰어넘는 획기적인 개척 정신은 한국 사회 전반에도 많은 영향을 미쳤다. 개인에게는 하면 된다는 자신감을 갖게 했고 새로운 경제 영역이 필요했던 기업인들에게는 도전정신의 중요성을 일깨워주었다. 이와 같이 90년대 초반에 이루어진 한중 수교와 기업들의 국제화 전략은 그동안 한반도에 묶여 있던 우리의 경제 영토를 세계로 넓히는 원동력이 되었다. 그 시험대가 중국이었다. 부족한 전기 때문에 자가발전기로 불을 켜고 추운 겨울밤에 공장을 운영했을 때도 장인정신으로 버텼다. 도로나 통신수단이 형편없었는데도 모두가 맨손으로 대륙을 누볐다. 산둥성 칭다오에서부터 광둥성의 이름 모를 작은 도시에까지 수많은 시행착오를 겪기도 했다.

그때의 도전정신은 중국 진출 기업인들과 종사자들을 지탱해준 버팀목이었다. 온갖 불편을 감수하면서 현지화를 이루었다. 그 결과 양국 간 교역액은 1992년 63억 8천만 달러에서 2018년 2,473억 달러로 약 40배 이상 증가했다. 우리는 세계 10대 무역 대국으로 성장했다.

그로부터 불과 30년도 지나지 않은 2019년, 지금의 중국은 어떤가?

그동안 애써 개척한 시장 지키기는 힘이 달린다. 좋은 시절은 생각보다 짧았고 중국의 추격은 생각보다 거세다.

중국 시장에서 한국 휴대폰의 점유율이 20퍼센트대에서 1퍼센트대로 내려앉는 데 걸린 시간은 불과 4~5년이었다. 이제는 휴대폰 10대 중 8~9대는 중국 브랜드다. 한국 휴대폰은 통계에조차 잡히지 않는다. 한국 자동차도 중국 차의 도전 앞에 곤두박질치고 있다. 전 방위로 중국 기술과 자본이 쓰나미처럼 밀려오고 있다. '차이나 머니'가 반도에 상륙하는 것은 시간문제일 뿐이다.

중국 기업의 기세가 비단 우리 기업에게만 위협이 되는 것은 아니다. 몇 년 전, 중국에 진출했던 일본 디스플레이 업체 샤프가 대만 홍하이그룹(폭스콘)에 매각됐다. 최근에는 일본의 대표적인 소형차 생산회사인 스즈끼 자동차도 20년 이상 계속해 오던 중국 현지 생산을 중단하고 완전히 철수하기로 했다. 일본 전자업체의 대명사였던 소니도 과거의 영광을 잊은 채 요즘은 금융업으로 이익을 더 많이 낸다고 한다.

최근 일본 기업들의 부진은 도전하기 싫어하는 일본인들의 성향 때문이라는 분석이 눈길을 끈다. 실제로 일본인들은 해외에 파견한 직원들이 현지에 동화되지 못하는 상황이 반복된다고 한다. 해외에 진출한 일본 기업의 현지법인 내에서는 일본어가 공용어가 되고 사실상 일본을 옮겨 놓은 것 같은 분위기라고 한다. 그 말이 사실이라면 일본인 직원들의 현지화는 불가능에 가깝다. 특히 요즘은 기업별로 젊은 인력 쟁탈전이 심해서 해외 발령을 내면 사표를 낸다고 한다. 기업 내에서 승진을 원하지 않는 이른바 승진 기피 현상까지 광범위하게 퍼져 있다고 한다.

2019년 1월, 청와대 경제 보좌관이 "취업 안 된다고 불평하지 말고 또, 험한 댓글 달지 말고 동남아시아로 가라"는 말로 큰 논란을 빚었다가 자리에서 물러났다. 취지가 왜곡되고 책임을 전가한 데 대한 문책 인사로 이해하고 싶다. 시대 조류가 일본을 따라간다고 믿고 싶지 않다. 아무리 삶의 질을 중시하는 '워라밸'이 시대의 조류라고는 하지만 우리는 반도에만 갇혀서 살아갈 수 없다. 우리는 늘 역동적으로 살아왔고, 또 그렇게 살아야 한다. 쇄국주의자와 척화론자가 득세한 시대에는 어김없이 국운이 내리막길을 걸었다. 구한말과 병자호란이 우리에게 준 교훈을 잊지 말자.

2018년 기준으로 세계 시가총액 상위 500대 기업 중에서 한국 기업은 10년 전 8곳에서 3곳으로 줄어들었다. 반면에 중국은 '제조 2025' 정책을 통해 제조 대국에서 기술 강국으로 거듭나기 위해 전력 질주를 하고 있다. 중국 기업들은 인공지능과 로봇 같은 첨단산업에 집중투자하고 있고, 정부도 적극적으로 지원하고 있다. 그 결과 하루가 멀다 하고 굴지의 기업이 탄생한다. 끊임없는 도전과 혁신을 통해서 새로운 기업이 출현하는 것이다. 샤오미, 메이투안, 디디추싱을 비롯한 수많은 유니콘 기업이 상장을 준비하고 있다.

국내 최고 학부의 사범대 일부 학과에서 최근 10년 동안 임용 교사 1명 배출하지 못했음에도 아무런 변화가 없다고 한다. 학령인구가 급격하게 줄어들고 있는데도 학과 구조 조정은 꿈도 꾸지 못한다. 선거판의 표를 의식해서 '고양이 목에 방울 걸 사람'만 기다린다. 창업교육센터에서 이론교육에만 치중하고 있다는 보도도 있었다. 이런 현실이 존재하는 한 우리는 정주영 회장과 이병철 회장의 성공 스토리만 기억하게 될 것이다. 우리도 창업 생태계를 조성하고 성공한 기업가를 우대하는 사회가 되어야 한다. 시내 중심가에 '실패해도 괜찮으니 도전하라'는 문구가 걸려 있어야 한다. 그래야만 패자부활전을 통해서 새로운 영웅이 되려는 청년들이 넘쳐 나게 된다.

예나 지금이나 우리는 중국이라는 큰 산을 넘어야 하는 숙명을 안고 있다. 죽의장막을 걷고서 대륙을 누비던 1992년의 도전정신이 그립다. 어두운 밤에 별이 더 빛난다고 한다. 새로운 영웅이 기다려지는 것을 보면 2019년은 분명 난세인 것 같다.

# 그 땅에서 흐르는 계절도 모르고 살았다

## 참, 모질게도 살았다

1994년 초, 중국에 첫발을 내딛었다. 1993년 9월, 중국 정부로부터 외자 기업 설립 허가를 받은 중국 공장의 업무 지원이 목적이었다. 상하이 홍차오 공항 여기저기에는 선전 구호가 덕지덕지 붙어 있었다. 이방인이었던 나는 인민군복 차림의 공항 관계자들과 눈빛을 마주하기도 어색했다. 이념의 잔재였던 '죽의장막'이 채 가시지 않았기 때문이었다.

1995년 가을, 본격적인 중국 근무가 시작됐다. 풍부한 인력 빼고는 모든 것이 부족했다. 그런 궁핍함 속에서도 방향이 결정되고 목표가 주어지면, 무조건 '가자, 앞으로!'였다. 고집스럽게 밀어붙일 때마다 모두가 따라 주고 밀어주었다. '쿵'하면 '짝'으로 손발도 잘 맞았다. 자투리 시간도 허투루 쓰는 법이 없었다. 그럴 때마다 주위에서는 '강력한 카리스마를 지닌 리더십'으로 포장까지 해 주는 덕도 얻었다.

처음 2년은 열악한 환경 때문에 어쩔 수 없이 이산가족으로 살아야 했다. 첫해 춘절에는 열흘 동안 공장지기로 칠흑 같은 밤을 홀로 지냈다. 6개월 만에 가족을 만났다. 첫돌도 함께하지 못한 아들 녀석은 아빠의 얼굴조차 잊어버렸다. 유치원생 딸이 아빠를 낯설어 하는 동생에게 아빠라며 소개해주는 모습을 보면서 속으로 울기도 했다. 친구도 없고 놀이 문화도 없어서 공장 휴게실에서 홀로 시간을 보내는 어린 딸의 뒷모습이 가슴을 짓누르기도 했다. 그러면서 더 강인해졌다. 늘 부지런히 일해야 살아남는 줄 알았다. 그래서 바쁘고 치열하게 때로는 모질게 살았다.

어떤 날은 밤새도록 술잔도 기울였다. 바이주 병이 맥주병처럼 쌓였다. 지기 싫어서 '부어라 마셔라'를 외치다 보면 어느덧 아침이었다. 그 과정에서 친구도 얻을 수 있었고 꽌시의 중요성도 몸으로 체득할 수 있었다. 그 기세로 IMF 구제금융이란 험난한 파고도 넘었다. 돌이켜 보면 그때는 운도 참 좋았다.

넘치는 주문량을 감당할 수가 없어서 쿤산에서 쉬안청으로 공장을 확장 이전했다. 3년이란 세월이 걸렸다. 정상 가동도 해보기 전에 국제 금융 위기라는 쓰나미가 몰아쳤다. 권불십년 화무십일홍(權不十年 花無十日紅, 십 년 가는 권세 없고 열흘 붉은 꽃 없다)이라는 말은 그냥 생긴 말이 아니었다. 양쪽 공장에서 동시에 위기가 닥쳤다. 운만 믿고 헤쳐 나갈 수 없을 만큼 모진 시련이었다. 하늘이 비교적 공평하다는 것도 그때 알았다.

한 수 가르쳐주겠다고 겁 없이 달려들었다가 대형 사고까지 겪었다. 하늘 높은 줄 모르게 치솟던 자신감도 초라하게 찌그러졌다. 경영합리화라는 이름으로 구조 조정도 단행했다. 살을 깎는 아픔이었다. 인생사 새옹지마였다.

### 그리고 과분한 대우도 받았다

장쑤성 쿤산, 안후이성 쉬안청에서 지역 내 1호 외자 기업으로 과분한 대우도 받았다. 한국 학교 설립을 위한 기금 마련 바자회에 생산품을 기부했다. 첫 시작은 의무감이었다. 그 후에 지방정부로부터 받은 상금을 양로원에 전달했다. 우연히 시작한 이런 활동은 필연이 되었고 주변에서는 기업의 사회적 책임이라는 이름으로 분칠을 해주었다. 그런 '기부활동'이 중국에서 살아남을 수 있는 노하우가 되었다는 사실을 깨달은 것은 시간이 한참 흐르고 난 뒤였다.

80년대 중반, 한국에서 햇병아리 시절부터 2000년대 중·후반 전문 경영인으로 지내기까지 '희귀족'이라 불릴 만큼 분에 넘치는 대우도 받왔다. 미국 보스턴 대학교 유학 시절 쌓은 바이어들과의 친분은 험난한 고비마다 큰 힘이 되어 주었다. 특혜라는 질투 어린 시선 속에서도 미국 유학을 경험하게 해준 이정상 회장님의 결정에 고마움을 금할 수가 없다.

동종 업계 수많은 기업이 밀물처럼 떠나갈 때 보기 좋게 살아남았다. 초심을 잃지 않으려는 우리 모두의 노력이 너무 자랑스러웠다. 그래서인지 흘린 땀은 정직한 보상으로 돌아왔다. 위기 극복 사례를 인정받아서 '아시아 지역 최우수 경영자 상'까지 받았다. 운명처럼 선택하게 된 거래선 변경(미국에서 일본으로)으로 비즈니스의 격이 낮아진 것은 아쉬운 대목이다.

한국의 한 대학으로부터 학술교류협정체결을 위한 협조 요청을 받고서 중국의 대학을 찾았을 때 받은 충격은 10년이 지난 지금도 잊을 수 없다. 중국인 대외협력처장의 능숙한 한국어 실력에 놀랐고 그가 들고 있던 한국 대학의 분야별 대학 서열 표를 보고 충격을 받았다. 기업뿐만 아니라 한국의 대학마저도 중국인들의 철저한 분석 대상이었다는 사실에 등골이 오싹했던 기억이 새록새록 떠오른다. 한국 학생 2명에게 매

학기 등록금은 물론 기숙사까지 무료로 제공해주는 통 큰 협조를 얻어 낸 것은 그나마 위안이었다.

힘들고 어려웠던 시절에도 대학의 요청으로 또는 지인의 부탁으로 한국 대학생들의 인턴 활동에 도움을 준 것도 기억에 남는다. 어느덧 중년으로 성장한 그들로부터 근황을 전해 듣는 재미도 쏠쏠하다. 함께 근무했던 중국인 직원들의 창업 활동도 눈여겨보았다. 그들의 탁월한 능력 덕분이었지만 개방과 함께 찾아온 수많은 창업의 기회가 부럽기도 했다. 이유야 어떻든 그 직원들 덕분에 과분하게도 '창업사관학교 교장'이란 별명도 얻었다.

## 늘 부끄럽지 않으려고 노력했다

분신처럼 생각했던 그 회사를 숙명처럼 인수해야 했던 10여 년 전, 그때는 인간적인 고뇌도 깊었다. 금융 위기 후유증으로 중국에서의 엑소더스가 시작될 때, 새로운 짐을 짊어진다는 것은 엄청난 용기가 필요했다. 돌아서는 뒷모습이 아름답게 보이고도 싶었다. 주변의 만류에도 불구하고 '인연'이라는 책임을 피하지 않겠다고 다짐하면서 계약서에 사인을 하던 그날, 테이블 위에는 입도 대지 못한 커피가 식어 가고 있었다.

초심을 잃지 않기 위해 노력한 결과 월급쟁이로서, 경영자로서 35년이란 세월 동안 한 회사에 몸담을 수 있었다. 되돌아보면 먼 길 오는 동안 고비마다 선택한 결정이 '신의 한 수'가 된 것처럼 보이는 것은 그나마 다행이다. '큰 공도 과도 없는 아름다운 마무리'를 눈앞에 두고 있기 때문이다.

떠나야 할 시간이 되어서인지 수많은 사연이 주마등처럼 스쳐 지나간다. 그때는 아무리 힘들어도 다음 날이면 거뜬히 일어날 수 있는 젊음과 용기가 있었다. 그래서 큰 꿈도 가졌다. 지금은 벌써 은퇴와 노후를 기다리며 술잔을 기울이는 나이가 됐는데도 내려놓기가 이렇게 힘들다. 그래서 기업 경영은 역시 마약 같은 존재라는 생각도 든다.

자기 돈 아깝지 않은 사람 어디 있겠는가? 한동안 '야반도주'라는 단어가 인구에 회자되었다. 모든 것을 내려놓고 수십 억 원의 경제 보상금을 지급하면서 깔끔하게 마무리하고 있다. 흔하지 않은 청산이라는 길에 들어서면서 25년 전 처음 중국에 들어서던 그 기개가 다시 꿈틀거린다. 천박한 자본의 노예라는 손가락질을 받고 싶지 않은 자존심 때문이다. 청산은 운명일지 몰라도 마지막까지 기죽지 않겠다는 용기만큼은 현재진행형이다.

관계 당국의 갑질은 정말로 끈질기다. 10년이 지난 지방세목도 빠짐없이, 심지어 자신들의 행정 착오분까지 탈탈 털어서 수천만 원의 세금을 추징한다. 피하는 것은 꺾이는 것이다. 꺾이는 꽃은 다시 피지 못한다는 사실을 되새긴다. 스스로 진 꽃은 다시 필 수 있다는 힘도 보여주고 싶다. 자랑스러운 한국의 한 기업인이기 이전에 자식에게 부끄럽지 않은 부모가 되어야 한다는 신념으로 깨끗이 승복하는 중이다.

### 따뜻한 마음의 인사를 나누고 싶다

기업 경영 환경 변화에 따라 늘 크고 작은 부침을 겪어 왔다. 힘들고 팍팍했던 시절마다 부족함을 채워 주고 불편함은 나눠 주던 직원들에게 감사를 드린다. 그런 부채 의식은 늘 간직하면서 살아갈 것이다. 가끔은 현지화라는 이름으로, 또는 구조 조정이란 명분으로 먼 길 함께했던 한국인 직원과 생이별을 해야 했다. 어떤 때는 읍참마속(泣斬馬謖, 사사로운 감정을 버리고 엄정히 법을 지켜 기강을 바로 세우는 일에 비유하는 말)의

심정으로 떠나보낸 직원들도 있다. 그들과 헤어질 때면 다시는 못 볼, 늘 마지막 장면 같았다. 깊은 마음의 상처를 안고 갔을 많은 직원들께 송구함을 전하고 싶다.

아꼈던 직원이 이국에서 교통사고로 하늘나라에 간 것을 생각하면 아직도 마음이 아프다. 가족들에게는 평생 안고 가야 할 짐을 안긴 셈이다. 관리 이사와 총무 과장 덕분에 작은 도움이라도 줄 수 있었던 것은 그나마 위안이다.

25년, 사반세기 동안 회사를 거쳐 간 수천, 수만 명의 중국인 직원들에게 '당신들이 없었다면 우리 업계에서 최후의 1인'이 될 수 없었을 것이라고 고개 숙여 인사드린다. 회사 밖에서 음양으로 힘을 보탰던 중국인 지인들, 비즈니스 관계로 만났던 미국, 영국, 태국, 필리핀 등 수많은 나라의 친구들에게도 고마움을 전하고 싶다.

늘 살뜰히 챙겨주시던 장인·장모님, 마음의 등불이셨던 아버지께 다 하지 못한 자식의 도리를 생각하면 지금도 목이 멘다. 하늘나라에서 지켜보고 계실 이분들께 '다음 세상에서도 당신의 자식이고 싶음'을 고하고 싶다. 꽃피고 새 울면 한 폭의 그림이 된다는 자굴산 자락에 홀로 계신 어머님, 긴 세월 동안 큰아들의 빈자리를 잘 메워준 형제자매들과 연분홍 고향 길도 함께 걷고 싶다.

남들처럼 번듯한 여행지에서 남긴 가족사진 한 장 없는 것을 생각하면 늘 마음이 애잔하다. 해외에서 성장했음에도 토종 한국인으로 자라준 딸·아들, 남들이 필요로 하는 동량이 될 것을 상상하면 그냥 배가 부르다. 나에겐 늘, 딸·아들이 자랑스럽듯이, 나 또한 자랑스러운 부모가 되겠다는 초심을 되새겨 본다.

부족한 남편을 채워 주고 넉넉한 마음을 나누어 준 짝지에게도 쑥스럽지만 고마움을 전해야겠다. 기념일이라고는 회사 창사 기념일밖에 모르고 지낸 내가 결혼 30주년이란 이름으로 짝지에게 이 책을 전하고 싶은 것을 보면 이제야 철이 드는 모양이다. 그래서 '인생은 60부터'라고 하는 것일까?

2019년 여름 상하이에서

중국 비즈니스 인사이트

**초판 1쇄 발행** 2019년 9월 27일
**지은이** 김종성
**펴낸곳** (주)북새통·토트출판사
**주소** 서울시 마포구 월드컵로36길 18 삼라마이다스 902호 (우)03938
**대표전화** 02-338-0117  **팩스** 02-338-7160
**출판등록** 2009년 3월 19일 제 315-2009-000018호
**이메일** thothbook@naver.com

ISBN  979-11-87444-40-4  13320

• 잘못된 책은 구입한 서점에서 교환해 드립니다.